KB117632

공인중개사가
궁금하세요?

공인중개사가 궁금하세요?

지은이 이하나
펴낸이 임상진
펴낸곳 (주)넥서스

초판 1쇄 발행 2019년 9월 30일
초판 2쇄 발행 2019년 10월 4일

출판신고 1992년 4월 3일 제311-2002-2호
10880 경기도 파주시 지목로 5 (신촌동)
Tel (02)330-5500 Fax (02)330-5555

ISBN 979-11-6165-787-5 13320

www.nexusbook.com

현직 공인중개사가 말해주는 진짜 부동산 이야기

공인중개사가 궁금하세요?

공인중개사 수험서를 보기 전에 꼭 읽어야 할 책
반드시 알아야 할 부동산 실무 노하우 대공개

이하나 지음

넥서스BIZ

공인중개사에 대한 모든 것을 알려드립니다!

2018년 지난 한 해에만 공인중개사 자격증 시험에 응시한 인원은 13만 명 이상, 합격자는 3만 2천여 명에 달했다. 하지만 공인중개사라는 직업에 대해 정확하게 이해하고, 부동산 중개업에 뛰어들고자 하는 응시생은 많지 않은 것 같다.

대부분의 응시생들은 정확히 공인중개사가 어떠한 일을 하는지도 모르면서, 무작정 노후대비라도 해보겠다며 혹은 스펙이라도 쌓아보겠다며 공인중개사 수험서를 펼치고 밤을 새워가며 공부하고 있는 실정이다. 나는 이러한 응시생들에게 공인중개사란 어떤 일을 하는 사람인지 선배로서 진솔하게 소개해주고 싶었다.

사실 나는 얼떨결에 등 떠밀려 공인중개사 시험공부를 시작하게 된 케이스이다. 그래서 딱히 부동산 시장에 대해 궁금한 것도 없고, 그다지 알고 싶은 마음도 없었던 그저 평범한 사람이었다.

심지어 내가 공인중개사 시험공부를 하던 시절, 대부분의 언론은

'부동산 시장은 이제 끝물'이라며 자조 섞인 기사들만 가득했다. 당시 나는 그런 기사들을 접하며 이 공인중개사 공부가 과연 쓸모가 있을지 한숨이 나왔다. 그러한 글들은 내 수험 의욕을 꺾기에 충분했다.

하지만 기왕 시작한 공부이니 끝을 봐야겠다는 생각을 했다. 부동산학과씩이나 졸업했는데, 공인중개사 자격증 하나도 없다면 왠지 모르게 자존심이 상할 것 같다는 이유가 가장 큰 동기였다.

공인중개사 자격증은 관련 학과를 졸업했다고 무조건 주는 자격증이 아니다. 소관부처인 국토교통부에서 주관하는 공인중개사 자격시험에 합격해야 비로소 공인중개사가 될 수 있다. 이는 공인중개사의 다섯 글자 중에 '공인(公認)'이라는 두 글자가 붙은 이유이다.

나름 열성을 다해 공부한 끝에, 나는 공인중개사 자격시험에 합격했다. 그러나 열심히 공부해서 공인중개사가 되기는 했지만, 막상 무엇을 해야 할지, 앞으로 어떤 비전을 바라보며 어떻게 나아가야 할지 오리무중이었다. 나 역시 다른 수험생들처럼 일단 자격증 시험에 합격하자는 일념뿐이었지, 업계에 대한 이해는커녕 구체적으로 어떤 일을 해야 하는지 몰라서 꽤 고생을 했다. 이 업계에 대해 개념을 잡는 데에도 상당한 시간이 걸렸다.

나는 예전의 내가 했던 고민을 현재 똑같이 하고 있는 분들에게 이 책을 통해 조금이나마 도움을 드리고 싶다. 분명 공인중개사라는 직업에 대해, 그리고 부동산 중개업 및 업계에 대한 개념을 잡기에 충분한 책이 될 것이다.

아울러 꼭 공인중개사를 희망하는 분이 아닐지라도, 인생을 통틀어 한 번은 경험하게 될 부동산 거래에 있어 거래 당사자로서 기본적으로 알아야 할 절차들을 이 책을 통해 배울 수 있도록 했다.

물론, 현업에 있는 공인중개사 분들이 거래와 관련한 중요한 부분은 거래 당사자에게 미리 일러주겠지만, 그래도 그전에 미리 알고 있다면 조금 더 재미있게 거래를 즐길 수 있을 것이다.

끝으로 나의 글과 책을 아껴주신 독자 분들께 진심으로 감사의 인사를 드리며, 부디 이 책이 공인중개사라는 직업에 대한 궁금증으로 목마른 분들에게 도움이 되기를, 그리고 공인중개사에 대한 잘못된 편견을 없애기를 기원한다.

테헤란로의 싱그러운 하늘을 바라보며
이하나

Contents

프롤로그

Part 1

공인중개사라는 직업의 세계가 궁금하세요?

Part 2

공인중개사는 어떤 일을 할까?

Part 3
공인중개사 사무소 현업 이야기

Part 4
공인중개사가 자주 받는 질문

Part 5
공인중개사에 대한 오해

Part 6
부동산 거래의 기술

Part
1

공인중개사라는
직업의 세계가
궁금하세요?

01

부동산, 부동산 중개, 공인중개사

2018년도 공인중개사 1차 시험 응시생 138,287명

2차 시험 응시생 80,327명

위 내용은 가장 최근에 발표된 공인중개사 시험 응시자의 숫자이다.(자료 출처: 큐넷) 즉, 공인중개사 자격증 시험에 응시한 사람들이 자그마치 10만 명이 넘는다는 뜻이다.

그런데 이렇게 많은 사람이 응시하는 시험임에도 불구하고, 대부분의 수험생은 공인중개사가 현업에서 정확히 어떤 일을 하는지 아직은 잘 모르는 상태에서 그저 열심히 공부만 하고 있는 듯하다. 본인의 성향과는 맞는지, 어떤 일들을 해야 하는지 등을 자세히 알아보지도 않고, 일단 '최소한 노후대비는 되겠지.'라는 안일함과 무지함으로 공부를 시작하는 이가 많다는 의미이다. 나 역시 그랬다. 그도 그럴 것이, 사실 어느 업계든 직접 발을 담가봐야 그 업계의 실상을 알 수 있다.

대한민국은 부동산 공화국이다. 너도 나도 부동산을 외친다. 그렇다면 만인의 사랑을 받고 있는 '부동산'이란 정확히 무엇일까. 그리고 '공인중개사'는 무슨 일을 하는 사람일까.

본격적으로 공인중개사에 대해 알아보기 전에, 우선 공인중개사와 관련된 주요 용어를 소개하고자 한다. 아마 공인중개사 자격증 관련 공부를 해본 분이라면, 눈에 익은 용어들일 것이다.(출처: 민법 및 공인중개사법)

- 부동산: 토지 및 그 정착물(定着物)
- 중개: 법정 중개대상물(토지·건물·입목(立木)·광업재단·공장재단)에 대하여 거래 당사자간(중개 의뢰인간)의 매매·교환·임대차 그 밖의 권리의 득실변경에 관한 행위를 알선하는 것
- 중개대상물: 토지, 건축물 그 밖의 토지의 정착물, 입목, 광업재단, 공장재단
- 중개업: 다른 사람의 의뢰에 의하여 일정한 보수를 받고 중개를 업으로 행하는 것(계속 반복하여 영업으로 알선, 중개하는 것을 의미)
- 공인중개사: 공인중개사 자격을 취득한 자

요약하자면 공인중개사는 공인중개사 자격증을 취득한 사람으로, 타인의 의뢰에 의해 일정한 보수를 받고, 토지·건물·입목·광업재단·공장재단을 중개해 의뢰인간의 매매·교환·임대차가 이루어질 수 있도록 알선하는 직업이라 정의할 수 있다.

그렇다면 공인중개사는 언제부터 생겼을까. 분명 예전에는 공인중개사라는 직업이 없었는데 말이다.

우리나라에서 공인중개사 시험이 처음 시행된 때는 1985년도이다. 그 후로 약 30여 년의 세월이 흘렀다. 그간 공인중개사 자격시험을 통해 부동산에 대한 전문 지식을 습득한 공인중개사들이 많이 배출되었고, 이러한 전문 자격사의 등장은 부동산 시장의 안정과 발전에 적지 않은 기여를 해왔다.

물론, 공인중개사 이전에도 부동산 중개를 업으로 하는 사람은 있었다. 부동산 중개업은 생각보다 꽤 긴 역사를 가지고 있는데, 고려시대 때에는 중개업자의 효시라고 볼 수 있는 '객주'가 있었고, 조선시대에는 최초의 중개업자라고 볼 수 있는 '가거간, 거간, 가쾌, 집주름'이 있었다. 그리고 1961년도부터는 소개 영업법에 의한 '중개인'이 부동산 중개를 담당해왔으며, 비로소 1985년도부터 '공인중개사'가 역사에 등장하게 되었다.

공인중개사는 타인을 자산을 다루는 직업이다. 그래서 알아야 할 부동산 관련 지식이 많다. 특히 이론적 지식 이외에 현업에서 필요한 실전 지식이 더욱 많다.

그뿐인가. 큰 금액이 오가는 거래인만큼, 계약이 매끄럽게 진행되도록 중재할 일도 많다. 사람들 사이에서 돈이 오가는 현장은 늘 마음을 놓을 수가 없다. 자칫 방심하면 작은 분쟁으로 인해 큰일을 그르치기도 하기 때문이다.

게다가 공인중개사는 사람을 대하는 직업이기에, 대인관계 및 소통도 능해야 한다. 처음 본 사람에게도 먼저 살갑게 말을 걸고 대화를 매끄럽게 이어갈 줄 알아야 하는데, 여기에서 오는 스트레스도 적지 않다.

자, 그럼 사설은 이 정도로 하고, 한 해에 자그마치 10만 명 이상의 사람들이 되고 싶어 하는 '공인중개사'가 어떤 직업인지 본격적으로 소개하고자 한다.

02
공인중개사가 되면 어떤 점이 좋을까

공인중개사분들은 (공인중개사 본인의 부동산 자산을) 계약할 때 중개수수료 안 내시지요?

예전에 내 고객이 웃으며 농담 반 진담 반으로 나에게 이런 질문을 한 적이 있다. 아마도 일반인들은 '공인중개사가 되면, 공인중개사 본인의 부동산 거래 계약 시 중개수수료를 지불하지 않아도 될 것'이라는 막연한 생각이 있는 듯했다.

하지만 그것은 오해다. 공인중개사도 개인 부동산 자산을 타 공인중개사 사무소에 중개 의뢰를 해서 부동산 거래 계약 혹은 임대 계약을 진행할 때 당연히 중개수수료를 지불한다. 일반인들이 생각하는 공인중개사의 장점과는 전혀 달라서, 이 글을 읽는 분들이 조금은 실망하셨을지 모르겠다.

그렇다면 '공인중개사가 되면 누릴 수 있는 장점'은 무엇일까. 소소하게는 관련 업계에 이직·취직 시 유리하고, 다른 사람들보다 부동산 정책에 대해서 빨리 이해할 수 있는 등의 장점이 있을 것이다.

하지만 가장 큰 장점은 다음의 세 가지가 될 것 같다.

1. 부동산에 대해 깊이 있는 지식을 쌓을 수 있다

부동산 공부는 지극히 현실적인 공부라고 할 수 있다. 도끼자루 썩는 줄 모르고 공부하는 선비의 학문이 아니다 보니, 세상 돌아가는 이치를 배우게 된다. 그리고 세상이 돌아가는 이치가 결국 '돈'이라는 것을 알게 된다. 사람들이 아옹다옹하며 살아가는 이유는 더 행복해지기 위해서라고 아름답게 표현하지만, 돈이라는 현실의 주춧돌이 없는 행복은 사상누각일 뿐이다.

부동산에 대해 공부한다는 것은 사실 돈에 대해 공부한다는 뜻이다. 사람들이 부동산에 관심을 갖고 부동산을 애착하는 듯하지만, 사실은 돈을 좋아하는 것이다. 부동산이 돈을 찍어내는 자산이기 때문이다.

공인중개사가 되면 일반인들보다 부동산 공부를 더욱 많이 해야만 한다. 특히 부동산 관련 법률이나 판례, 관련 뉴스, 신문, 경제 주간지 등의 언론 자료 등을 집중적으로 공부하여 내 것으로 만들어야 한다.

공인중개사는 부동산에 대해 많이 공부하고 깊이 있게 생각해볼 수 있는 직업이다. 이것은 경쟁이 심한 자본주의 사회를 살아가면서, 적어도 일반인보다 부동산에 대해서만큼은 조금 더 쓸모 있는 지식을 가질 수 있는 장점이 있다.

2. 부동산 시장을 정확하게 파악할 수 있다

늘 시장 속에 있어서 누구보다도 부동산 시장을 잘 안다고 할 수 있다. 대부분의 사람들이 뉴스나 언론을 통해 부동산 시장을 파악한다면, 공인중개사는 피부로 체감하는 사람들이다.

사실 언론에서 말하는 부동산 시장은 대부분 극단적이거나 자극적인 내용이 많다. 또한 시장의 전체적인 관점에 대한 내용이 대부분이기 때문에, 지역에 따라 언론에서 말하는 내용에 대해 공감할 수 없는 경우도 많다. 부동산은 지역성이 강한 자산이기 때문이다.

또 이와는 반대로, 지나치게 특정 지역의 흐름을 전체 부동산 시장의 흐름으로 소개하기도 하는데, 이런 경우는 자칫 일반인에게 부동산 시장에 대한 왜곡된 시각을 갖게 할 수 있어서 공인중개사로서 우려스러운 부분이 꽤 있다.

하지만 공인중개사는 부동산 시장 안에서 숨 쉬고 있는 사람들이기 때문에, 가장 정확하게 부동산 시장을 실질적으로 판단할 수 있다. 그렇기 때문에 각종 금융회사나 감정평가사들도 부동산에 대한 정확한 자문은 해당 지역의 공인중개사에게 요청한다.

3. 부동산 재테크를 하기에 가장 좋다

아마 공인중개사의 최대 장점이 아닌가 싶다. 공인중개사는 좋은 매물이 나왔을 때 가장 먼저 알아볼 수 있다. 그래서 기민하게 대응할 수 있다. 사실 아무리 좋은 매물이라도 일반인들은 긴가민가해서 기회를 놓치는 경우가 많은데, 공인중개사는 늘 집중하는 대상이다 보니 적어도 고민의 시간이 상대적으로 짧다고 볼 수 있다.

특히 경매 특수물건 같은 매물에 입찰하기도 쉽다. 사실 이러한 매물들은 수익률은 높지만 리스크가 큰 경우가 많아서 부동산에 대한 심도 깊은 공부를 필요로 한다. 이런 이유로 일반인들은 특수물건에 접근하기를 대부분 주저한다. 더 정확하게 표현하자면, 입찰은 둘째 치고 해당 매물을 이해하기도 버거워한다. 그래서 입찰을 자동적으로 포기하는 경우가 많다.

하지만 공인중개사는 본인이 배운 법률 지식과 부동산 시장에서 배운 실전 지식들이 있기 때문에, 해당 특수물건에 투자를 해야 할지 말지 정확하게 (혹은 직감적으로) 판단할 수 있다. 그래서 직접 본인이 입찰에 참가하기도 한다. 게다가 이러한 매물들은 경쟁도 덜 심한 장점이 있어, 물건분석과 권리분석에 능한 공인중개사가 투자하기에 꽤 좋은 매물이라 할 수 있다.

물론 최근에는 경공매 등의 강의가 많아져서 일반인들도 예전보다는 특수물건에 대해 많이 접근하고 있지만, 그래도 아직까지는 이러한 매물들에 대해 대부분의 일반인들은 머뭇거리는 것이 사실이다. 왜냐하면 특수물건 경매는 법률적인 기초지식이 없는 일반인들은 이해하기도 어렵거니와, 어렵사리 이해를 했다고 해도 낯설고 겁이 나기 때문에 입찰에 응하는 것을 부담스러워할 수밖에 없다.

공인중개사는 자격증을 취득하기 위한 공부도 힘들고, 자격증을 취득하고 나서도 끊임없이 공부를 해야만 하는 피곤한 직업이지만,

잘만 한다면 공부한 만큼의 결실을 분명 얻을 수 있는 직업이라 감히 말할 수 있다.

그리고 그 결실은 그냥 마음만 뿌듯한 영수증 개념의 졸업장이나 수료증이 아닌, '등기권리증과 부동산 투자수익'으로 돌아온다. 우리가 궁극적으로 목표해야 하는 것은 나라에서 최대 0.9%로 고정해놓은 중개수수료가 아닌, '부동산 투자 수익'이다.

03
공인중개사 자격증 공부 방법

공인중개사 자격증 시험은 1차와 2차로 나뉘는데, 시험 과목은
다음과 같다.

•제1차 시험

1. 부동산학개론(부동산감정평가론 포함)

2. 민법 및 민사특별법 중 부동산 중개에 관련된 규정

•제2차 시험

1. 공인중개사의 업무 및 부동산 거래신고 등에 관한 법령 및 중개실무

2. 부동산공법 중 부동산중개에 관련된 규정

3. 부동산공시에 관한 법령(부동산등기법, 공간정보의 구축 및 관리 등에
   관한 법률) 및 부동산 관련 세법

공인중개사 자격증 수험 공부 방법에 앞서, 수험 과목의 성격을
좀 구분해볼 필요가 있다. 크게는 두 가지로 나눌 수 있다.

1. 법 과목: 부동산학개론 이외의 전 과목

2. 법 이외의 과목: 부동산학개론

법 과목의 특성은 우선 '뼈대가 되는 내용(혹은 요약된 내용)'을 먼저 이해하는 것이 중요하다. 그리고 눈에 잘 안 들어오는 내용이 있다면, 내 눈에 잘 들어오게끔 다시 정리해서 노트에 필기한 뒤 암기하는 것을 추천한다.

나는 가능한 한 단권화를 위해 책에 필기를 했지만, 암기가 잘 안 되는 내용은 내가 암기하기 좋은 배열로 노트에 적어 암기를 했다. 만약 짧은 내용이라면, 종이 한 장에 적어 암기하기 좋도록 내용을 배열해 기재한 뒤 테이프로 책에 붙여놓고 암기했다. 이렇게 하면 암기가 조금 더 수월하기도 하고, 별도로 노트를 펼쳐보지 않아도 되는 장점이 있다.

이렇게 뼈대에 대한 암기가 끝나면, 법 조항과 판례 등을 끊임없이 읽고 또 읽고 또 읽고 또 읽어야 한다. 어떤 공부든 반복학습을 해야겠지만, 특히 법 과목은 이 과정이 매우 많이 필요하다.

공인중개사 시험은 거의 대부분 법률과 판례 등에 대한 내용이라고 생각하면 된다. 특히 법 과목에서는 가장 기본이 되는 민법을 잘 다져놔야 한다. 나는 민법을 배우지 못한 채 공법을 배웠는데, 도저히 수업을 따라갈 수가 없었다. 민법에 대한 개념이 어느 정도 서지 않은 상태에서 다른 법 과목을 공부하는 것에는 큰 무리가 따른다.

그리고 다른 과목도 계속 공부해야 하기 때문에 다른 과목 공부하느라 그전에 열심히 암기한 내용을 어느 순간 잊어버려서 우울한 날도 많다. 하지만 그럼에도 멘탈을 다잡아 '다시 또 읽고, 또 읽고, 또 읽고'의 과정을 반복해야 한다.

읽는 방법은 입으로 소리 내어서 읽는 방법이 제일 좋고, 도서관 같은 조용한 곳에서는 마음속으로 소리 내어 읽는 방법을 추천하고 싶다. 여담이지만 조선시대 때 과거 시험을 준비하는 선비의 공부법이 이러했다고 한다.

법 과목 같은 경우에 나는 '바를 正 자 표기 전략'으로 공부를 했는데, 법 과목 전체를 정독한 뒤 正 자의 한 획을 책의 맨 첫 번째 장에 기재하는 방법이었다. 해당 법 과목을 처음부터 맨 마지막 장까지 완독해야 비로소 한 획을 그었다. 이렇게 正 자를 2~3개 정도를 썼다. 만약 이 방법이 부담스럽다면, 각 챕터 별로 正 자를 표기해가며 다독하는 것을 추천한다. 그렇게 해도 효과는 동일하다.

아마도 처음 3획까지는 정독하는 데 꽤 많은 수고가 들 것이다. 정독의 속도도 엄청 느려서 하루 이틀 안에는 해당 법 과목을 다 읽지 못할 것이다. 그러나 개의치 말고 계속 꿋꿋이 읽어 내려가라고 말해주고 싶다.

분명히 말하지만, 완벽한 바를 正자 한 자를 책 첫 페이지에 적어낸 다음부터는 정말 빠른 속도로 해당 법 과목의 조항들을 읽을 수 있을 것이다. 하루에 2번 완독도 가능하다. 물론 다른 과목 공부도 해가며 여유 있게 2번 이상 완독이 가능할 것이다.

마치 처음 영어 단어장을 구입해서 단어를 암기하기 시작했을 때와 비슷하다. 영어 단어장을 펼쳐 단어 하나하나를 외우는 것은 처음에 꽤 시간이 들지만, 책 한 권을 다 완독하고 어느 정도 영어 단어들이 머릿속에 하나둘씩 쌓이면 페이지를 넘기는 속도가 빨라지는 것과 같은 이치라고 생각하면 된다.

아울러 해당 법 과목의 한 단원을 공부하고 나면 '기출문제, 모의고사문제, 혹은 출판사에서 만든 문제들'을 조금씩 풀게 될 텐데, 처음에는 틀리는 문제도 있을 것이고 또 쉬워서 동그라미를 그려가며 맞추는 문제도 있을 것이다.

하지만 맞았다고 해도 100% 이해하고 맞춘 게 아닌 문제들도 있기 때문에, 반드시 해설지를 보며 꼼꼼히 반복학습을 하여야 한다. 또한 틀린 문제 역시 왜 틀렸는지 해설지를 보며 반복학습을 하고, 별표 등의 표시를 해서 자주자주 들여다보며 정답을 머리에 (암기를 넘어서) '세뇌가 될 정도로' 해야 한다. 그리고 내가 한 번이라도 틀린 문제는 틈날 때마다 복습하기를 권하고 싶다.

그뿐만 아니라 판례, 시행령, 시행규칙들도 매우 중요하다. 특히 기출문제에 나온 판례들은 모두 풀어봐야 하며, 이해하고 암기해야 한다. 아마 중요한 판례들은 강사가 기본 강의 때 엄청 강조하며 알려줄 것이다. 아울러 일반 상식과는 다른, 법리로 접근해야 하는 판례들도 있기 때문에, 특이한 판례도 신경 써서 꼭 암기해두어야 한다.

법 이외의 과목인 부동산학개론 같은 경우에는 사실 법 과목보다는 쉬운 편이다. 나 같은 경우에는 동영상 강의를 두어 번 정도 복습하여 청강했고, 필기를 꼼꼼히 한 편이었다. 물론 단권화를 위해 필기는 가능한 한 책에 했으며, 필기 양이 많은 부분은 노트에 기재한 뒤 여러 번 복습했다.

그리고 부동산학개론 과목에는 직접 계산해야 하는 문제가 있는데, 이 부분은 기출문제를 포함한 각 모의고사 등의 계산 문제들을 따로 모아서 노트를 만든 뒤 여러 번 계산을 반복하며 복습했다.

사실 공부법은 심플해서 누구나 따라할 수 있지만, 가장 중요한 것은 정신력과 체력인 것 같다. 스트레스가 너무 많이 쌓이는 날에는 한 번씩 기분전환도 필요하다. 잠시 짬을 내어 맛집을 가거나, 번화가를 걷는 것만으로도 한결 스트레스가 줄어든다. 다만 기분전환의 시간은 반나절 이하여야 한다. 그 이상은 학습 스케줄에 지장을 줄 수 있다.

무엇보다 체력이 가장 중요한데, 절대 아프면 안 된다. 영양제도 꼭 꼭 챙겨 먹어야 한다. 운동도 겸하면 좋은데, 나는 별도로 운동은 하지 않았고, 매일 아침에 도서관까지 걸어가고 저녁에 도서관에서 집까지 걸어오는 것으로 운동을 대체했다. 나로서는 공인중개사 수험생활 시절 할 수 있었던 최선의 운동이었다. 걷는 시간은 도보 거리로 천천히 걸어서 40분 전후였던 것 같다.

04
공인중개사, 과연 내가 할 수 있을까

이 책을 보시는 분들 중 대다수는 아마 공인중개사라는 직업에 대해 흥미가 있거나, 공인중개사 수험 응시를 고민 중인 분들, 혹은 현재 수험 공부 중인 분들일 것 같다. 특히 공인중개사가 되고자 확실히 마음을 굳힌 분들이라면 이런저런 고민이 많을 텐데, 그 고민은 크게 두 가지로 나눠볼 수 있다.

1. (딱히 성격이 외향적이지는 않은데) 현업에서 부동산 영업을 할 수 있을까?
2. 현업에서 수익을 창출할 수 있을까? (밥이나 먹고살 수 있을까)

두 고민의 공통점을 한마디로 요약하자면 '내가 이 직업을 할 수 있을까'라고 할 수 있다. 사실, 아무리 정보의 홍수인 세상이라지만, 막상 내가 많이 접해보지 않은 업계에 진출하고자 할 때 이러한 고민은 필연적인 것 같다.

그러나 '할 수 있을까, 없을까?'라는 고민은 사실 아직은 여유로

운 단계에서 할 수 있는 생각이다. 다른 선택의 여지가 있다거나, 그리 절박하지 않을 때 하는 생각 말이다. 정말 다른 선택지가 없거나, 절박하다면 이러한 생각을 할 수가 없다. '무조건 해내야 하는 것'이기 때문이다.

물론, 현업에서도 이 직업을 영위해나가면서 '내가 해낼 수 있을까'라는 노파심이 드는 때가 전혀 없지는 않다. 하지만 우리가 그때마다 해야 할 일은 다시금 마음을 다잡아 흔들리지 않고 나의 길을 걸어가겠다는 다짐을 되새기는 것, 그리고 그날, 그달에 해야 할 것들을 묵묵히 해나가는 것뿐이다.

그럼에도 불구하고, 마음이 심란할 때는 산책을 하거나 좋은 글귀를 곁에 두고 마음을 다잡곤 하는데, 나의 경우는 책상 위에 아래와 같은 글이 있다.

> 모든 일은 가능하다고 생각하는 사람만이 해낼 수 있는 것이다. (중략) 나는 가능하다고 생각하는 사람이다. 반드시 해낼 수 있다. (중략) 모든 것이 가능하다고 생각하지 않는 사람에게 가능한 일은 한 가지도 없다. 가능하다고 생각하고 가능하게 할 목표를 향해서 가능하도록 노력하는 사람만이 가능하게 만드는 것이다.

고 정주영 현대그룹 회장의 저서 『시련은 있어도 실패는 없다』에 나오는 글이다. 나는 때때로 이런 글들을 보면서, 나름 용기도 얻고 기운을 내기도 한다.

부동산 시장은 수십억 수백억 수천억이 움직이는 곳으로, 엄청난 규모만큼 공인중개사에게는 큰 책임감이 따른다. 큰일에는 큰 책임이 따르기 마련이다. 계약서 맨 하단에 들어가는 공인중개사의 자필서명과 날인에는 그 계약을 책임지겠다는 의미가 새겨져 있다. 공인중개사는 책임의 대가로 중개수수료를 받는다.

뿐만 아니라 중압감도 상당하다. 타 사무소와의 경쟁에서 낙오되면 안 된다는 중압감은 때때로 꽤 크게 느껴지기도 한다. 그렇지만 이러한 중압감은 우리를 더욱 발전적인 방향으로 노력하게끔 하는 순기능도 있다.

또한 이러한 중압감을 이겨내기 위해, 공인중개사에게는 더욱 많은 열정과 체력이 필요하다. 공인중개사는 가만히 앉아서 고객을 받는 직업이 아니다. 고객을 모시고, 동에 번쩍 서에 번쩍해야 한다. 고객과 함께 하루에 3~4개의 매물만 보아도 그날 하루해가 다 간다. 지치지 않고 모든 일정을 소화하기 위해서는 그만한 체력도 받쳐줘야 한다.

그뿐인가. 공인중개사는 기본적으로 사람을 상대해야 하기 때문에, 매 계약마다 고객과 고객 사이에서 많은 에너지를 쏟아붓는다. 중개 사고가 일어나지 않도록, 고객들 간의 사소한 언쟁이나 심각한 분쟁이 일어나지 않도록, 고객이 모두 만족할 수 있도록, 순풍에 돛 단 듯 매끄럽게 계약이 진행될 수 있도록, 그리고 마지막 순간까지 거래가 안전하게 진행될 수 있도록 온 정신을 집중한다. 사소한 것까지 놓치지 않겠다는 의지가 없으면 공인중개사 일을 할 수 없다.

그 외 고객을 응대하지 않는 시간에는 부동산 공부도 꽤 많이 해야 한다. 해도 해도 끝이 없다. 새로운 판례는 늘 나오며, 뉴스에서 다루는 부동산 시장 관련 정책과 이슈들도 늘 챙겨야 한다.

공인중개사를 꿈꾸는 분들이 계시다면 단순히 본인이 영업을 잘할 수 있을지, 수익을 창출할 수 있을지에 대한 고민보다, 앞에서 언급한 현업 공인중개사의 책임감이나 중압감, 열정과 체력, 에너지, 디테일에 대한 의지, 부동산 관련 지식 업데이트 등에 들어가는 수고에 대해 먼저 진지하게 고민해보시길 바란다. 절대 녹록한 일이라고는 느껴지지 않을 것이다.

이러한 진지한 고민이 끝났다면, 이제 용기를 가지라고 말해주고 싶다. 어차피 세상에 쉽기만 한 직업은 없다. 하지만 고 정주영 회장의 말대로 아무리 어려워 보이는 일이라도 '가능하게끔 만들겠다는 정신'으로 무장하여 나아가면 된다. 지금도 현업에 종사하는 공인중개사들은 이렇게 하루하루를 전진해 나아가고 있다.

당신도 할 수 있다.

05

공인중개사 사무소 개업 전 알아야 할 것들

공인중개사 자격증을 취득하고 나면, 공인중개사들은 보통 개업 공인중개사(대표 공인중개사) 혹은 소속 공인중개사(직원 공인중개사)로 활동하게 된다. 특히, 그동안 업계에서 충분히 실력을 갈고 닦았다면 대부분 개업 공인중개사의 길을 걷게 된다.

그런데 개업에 앞서 '사업을 왜 하는가'에 대한 고찰이 필요하다. 왜냐하면 개업 공인중개사는 단순히 공인중개사가 아니라 '사업자'이기 때문이다.

아마도 사업을 하겠다는 근본적인 이유는 사람마다 다르겠지만, 대개는 아래 세 부류로 나뉠 수 있다.

첫째, 남 밑에서 일하기 싫다.

둘째, 돈을 더 많이 벌고 싶다.

셋째, 첫째와 둘째 사항에 모두 해당한다.

디테일하게 세 부류로 나누었지만, 사실 결론적으로는 '더 많은 수입을 얻기 위해서'라는 한 가지 이유로 귀결될 것이다.

그렇다면 개업을 하고 더 많은 수입을 얻기 위해 해야 할 일은 무엇일까.

먼저 '투자'를 해야 한다. 기본적으로 어떠한 사업이든, 규모가 크든 작든, 투하되는 돈이 있어야(투자가 선행되어야) 사업이 굴러간다. 쉽게 말해 '돈을 써야 돈이 들어오는 구조'라고 할 수 있다. 사무소 임대 계약을 맺고, 매달 임대료를 내고, 광고에 돈을 쓰고, 그 외 사무소 유지비 등등을 지불하는 것들이 이것에 해당한다.

몇몇 사람들은 본인은 사업 초기에 '자본 없이' 작게 사업을 시작해서 크게 키웠다는 식으로 종종 표현한다. 하지만 사실 엄밀하게 따지고 보면, 현금 투자보다 자신의 시간 투자나 노력 투자 등이 많았다는 것을 알 수 있다. 본인의 시간을 투자했다거나, 노력을 기울이는 것 역시 돈으로 환산할 수 있는 무형의 자본이라고 볼 수 있기 때문에, 이 역시 돈을 투자했다고 볼 수 있다. (이런 경우, 본인의 인건비를 투자했다고 표현하는 것이 정확할 것이다.) 즉 어떤 사업이건 돈을 투자하지 않고서는 굴러갈 수 없다. 하지만 이러한 투자 이전에, 먼저 '사업자로서 알아둬야 할 것들'이 있다.

1. 모든 조건이 완벽한 상태에서 진행되는 사업은 없다. 때로는 승부사 기질과 추진력이 필요하다.

2. 사업에는 부침이 있을 수밖에 없다. 말처럼 쉽지는 않겠지만 조급함을 죽이는 연습도 필요하다.

3. 수익을 내지 못한다면 사멸한다.

4. 좋은 고객들을 많이 만나야 돈이 된다.

5. 끊임없이 아이디어를 짜내야 한다. 늘 안일함을 경계한다.

6. 좋은 날도 있을 것이고 나쁜 날도 있을 것이다. 멘탈이 부서지는 날도 있을 것이다. 그럼에도 끊임없이 헤쳐 나가는 능력이 있어야 한다.

7. 사업이 번창할수록, 더 높은 임대료를 지불하며 비즈니스를 할 배짱도 어느 순간부터 필요해진다.

8. 혹시 부업으로 사업을 하겠다는 마음이 있다면 빨리 그만두는 편이 좋다. 사업은 부업 느낌으로 일을 해서 수익다운 수익을, 좀 더 명확하게 표현해서 '돈다운 돈'을 벌 수가 없다. 아니, 돈다운 돈은커녕 그나마 투자했던 밑천마저 공중분해되기에 딱 좋다.

9. 부디 고독해져야 한다. 누군가에게 의지하려는 마음을 없애야 한다. 특히 동업은 그다지 권해주고 싶지 않다. 사실 사업하는 사람들 대부분은 동업과 잘 맞지 않는다. 자기 사업을 하는 사람들의 기본적인 성향은 작든 크든 자기가 주도권을 쥐고 무언가를 하고자 하기 때문에, 동업은 이들에게 잘 어울리지 않는다. 물론 동업으로 사업을 잘 하는 분들이 있다는 것을 알고 있지만, 대부분 끝이 좋지 않다.

10. 어쩌면 사업이 망할 수도 있다. 특히, 가족 혹은 남이 차려준 사업은 망하기 딱 좋다. 본인이 땀 흘려 번 돈으로 사업을 하지 않고 다른 누군가가 전적으로 자금을 대주어 사업을 시작하게 되면,

사람은 간절함이나 절박함을 느끼기 쉽지 않다. (사람은 자기 돈이 들어가지 않은 곳에는 마음을 그리 깊게 쓰지 않는다.) 그러다 보니 사업을 대충대충 쉽게 생각하게 될 수도 있다. 최악의 경우 사업이 어려워진다고 해도, 대출까지 불사하며 배수의 진을 치는 등의 강한 마음이 생길 수 없다. 즉 자기 돈으로 사업을 차리며 리스크를 감당하지 않는다면, 그 사업에 대해 마음속 깊이 애지중지하는 마음은 거의 없다고 보면 된다. 때문에 사업이 크게 성장하는 데에는 한계가 있을 수밖에 없다.

11. 사업자들은 '발은 현실에 담그고 있되, 머리는 이상주의자들'이 많다. 왜냐하면 남들이 '꽤나 이상적인 수입'이라고 생각할 만한 수익을 정말 현실로 실현해내야 하기 때문에 이상주의자들일 수밖에 없는 것이다.

어떤 비즈니스든 자기 사업을 한다는 것은 정신적으로든 그 외적인 부분으로든 상당히 힘들 수밖에 없다. 그럼에도 불구하고, 그 힘든 고비를 넘겨 남들보다 더 많은 돈을 벌고, 자신이 되고 싶고 하고 싶은 일을 실현하겠다는 게 사업자의 기본적 마인드다.

12. 사업자는 기본적으로 보장된 수입이 없기 때문에, 얼마의 수입을 벌어들이게 될지 가늠이 안 될 때가 분명히 있다. 더 노골적으로 말해, 눈앞이 깜깜한 날도 반드시 있을 것이다. 그럼에도 불구하고 아이디어를 짜내며, 정신력으로 밀고 나가야 한다. 감상적인 표현 같지만, '내일은 더 나을 것'이란 막연한 희망 하나로 버티며 밀

고 나가야 하는 슬픈 시기도 있다.

그렇다고 단점만 있는 것은 아니다. 본인이 벌게 될 수익의 상한선이 없다는 점은 분명 사업자만이 누릴 수 있는 명백한 장점이다. 우리는 이러한 장점을 누릴 수 있는 자격 또한 있는 사람들이다.

아마도 일반적인 사람들은 이러한 내용을 잘 모를 수 있기 때문에, 잘나가는 사장들의 외관상 치장이나 외제차, 꽤 멋진 사무실, 좋은 집만 바라보며 부러워한다. 그전에 그들이 겪었던 슬프고, 암담하고, 때로는 찌질하고, 구차했던 시절을 일반인들은 체험하거나 상상할 수 없기 때문이다.

개업 공인중개사, 즉 사업자를 생각하고 있다면, 사업자로서 이러한 피곤한 도전들을 겪어내야 한다는 사실을 미리 알고 있을 필요가 있다.

06
공인중개사가 갖춰야 할 덕목

부동산 중개업은 다른 일반적인 업과는 분명 다르다. 그렇다면 공인중개사가 갖춰야 할 것들은 무엇이 있을까. 많은 것들이 있겠지만, 반드시 갖추어야 할 12가지를 뽑아보았다.

1. 철두철미함

철두철미함은 공인중개사가 갖추어야 할 제1덕목이다. 세상에는 얼렁뚱땅 대충대충 사는 사람들이 꽤 많다. '뭐, 아니면 말고.' 이런 마인드로 사는 사람들 말이다. 그들이 착해보이고, 순박해보이고, 사람 좋은 웃음을 지어 보인다고 해도, 그들이 한 말을 곧이곧대로 믿어서는 안 된다. 그들에게는 책임감이 없기 때문이다.

오로지 내 눈으로 보고 확인해야 한다. 다시 한 번 더 강조하지만, 모든 일은 내 눈으로 직접 확인해야 한다. 남의 말을 듣지 말기 바란다. 판단력을 지닐 필요가 있다. 타인의 말만 믿고 일을 진행했다가는 큰 손해를 볼 수 있다. 내 눈으로 확인하는 것이 고객에 대한 진정한 책임감이다.

2. 윤리의식

누군들 윤리의식이 없겠는가. 꼭 공인중개사가 아니더라도 모든 업종의 종사자들은 그 업과 관련하여 윤리의식이 있을 것이다. 하지만 공인중개사는 좀 다르다. 공인중개사는 수억의 자금이 오가는 현장에서 일하기 때문에 그 이상의 윤리의식이 필요한 직업이다. 간혹 뉴스에서 나오는 부동산 업계에 대한 걱정스러운 시선을 진지하게 의식할 필요가 있다. 업무에 대한 책임감과 윤리의식은 공인중개사라는 업의 커다란 두 주춧돌이다.

3. 충분한 부동산 지식

부동산에 대한 지식이 충분히 있어야 한다. 단순히 말빨로, 고객 상대만 잘하는 영업력만으로 이 직업을 할 수 없다. 물론 저렴한 금액대의 원룸, 투룸 중개 등은 이런 영업력만 있어도 그럭저럭 해나갈 수 있다.

하지만 다루는 매물의 금액이 커지면 이야기는 달라진다. 부동산에 대한 지식이 겸비되어 있지 않는다면, 자칫 고객을 위험하게 만들 수도 있다. 브리핑에 대한 자신감은 단연 부동산 지식에서 시작한다. 여기서 말하는 부동산 지식은 이론적인 지식과 현장에서만 배울 수 있는 지식 모두를 말한다.

4. 영업 마인드

영업 마인드 또한 상당히 중요하다. 쑥스러워서 말도 잘 못하고,

모르는 사람에게 전화 한 통 걸기도 어려워하는 사람이라면 이 직업 못한다. 특히 공인중개사는 전화 업무가 꽤 많은데, 전화 응대를 잘 못하는 사람에겐 공인중개사로서 그다지 높은 점수를 줄 수 없다. 게다가 고객에게 수수료를 청구하지 못할 정도로 숫기가 없다면 절대 이 직업을 권하고 싶지 않다.

5. 융통성

융통성이 있어야 한다. 상대가 "No!"고 했다고 해서 '아, 안 되는 구나'라고 바로 포기하는 자세는 바람직하지 않다. '어떻게 하면 되게 할 수 있을까? 다른 방법은 없을까?'를 항상 생각해야 한다.

"No!"라고 하는 상대에게 '이러이러한 건 안 된다고 했는데, 그럼 저러한 건 되는지? 아니면, 아예 다른 이러이러한 것들은 가능한지?' 등을 짜증나지 않는 선에서 물어보면 어느 지점에서 꽤 쓸 만한 접점을 찾기도 한다. 이러한 융통성이 필요하다.

6. 중재 능력

남을 중재하는 힘도 필요하다. 부동산 중개란 서로 잘 모르는 사람들이 만나 부동산과 관련된 돈 이야기를 하는 일이다. 그래서 때로는 별말 아닌 말 한마디로 첨예한 대립이 생기기도 한다. 사람마다 말투가 다르고, 생각이 다르기 때문이다. 이들의 틈바구니에서 그들을 최대한 존중하며 중재하는 힘이 있어야 한다. 대립이 있는 상황이 빨리 정리될 수 있도록, 그리고 어느 한쪽이 너무 심하게 섭섭하지 않도록, 적절한 해결책을 제공하여 중재하는 능력이 필요하다.

7. 강단

공인중개사는 대가 세야 한다. 힘이 있어야 이익이 있다. 내 이익을 지키려면 반드시 힘이 있어야 한다. 대외적으로 강단 있는 모습을 보여야 할 때는 반드시 강단 있는 모습을 보여줘야 한다. 나약한 모습은 타인으로 하여금 만만하다는 생각을 하게 할 수 있다.

그렇다면 어떻게 강단 있는 모습을 보여줄 수 있을까.

첫째, 상대보다 더 많은 것을 알고 있다는 사실을 상대가 알 수 있도록 한다.

둘째, 상대를 제압할 수 있는 힘 있는 눈빛과 목소리를 갖춘다.

대개 사람은 본인보다 더 많은 것을 알고 있고, 본인이 모르는 것을 이야기하는 사람에게 겸손해지며 존중하는 경향이 있다. 또한 확신에 찬 눈빛과 목소리는 타인에게 신뢰를 준다.

그리고 어느 사업이건 마찬가지이지만, 꼭 시기 질투하는 사람들의 태클은 있기 마련이다. 인간은 본디 남이 잘되면 배가 아프기 때문이다. 사업이 잘되면 잘될수록, 이런 사람들이 어디선가 하나 둘 나타난다.

이들과의 기싸움 혹은 전쟁에서 이겨야 한다. 물론 양보할 때는 양보해야겠지만, 자칫 한 번의 양보가 계속적인 양보를 강요하는 사태를 초래하기도 한다. 그렇기 때문에 때로는 상대에게 강하고 대찬 모습도 보여줘야 한다.

8. 고정된 업무시간에 대한 개념 탈피

야근에 대한 거부감이 없어야 한다. 고객에게 맞춰야 하는 직업이기 때문이다. 주 52시간 근무를 하는 직장인 마인드로는 종사하기 어려운 직종이라 할 수 있다. 시간에 대한 유연성이 없다면 이 직업을 가져서는 안 된다. '내가 일이고, 일이 나'라는 마음으로 일해야 본인의 성장과 발전을 위해서도 좋고, 수익 면에서도 이롭다.

9. 비즈니스 감각

비즈니스 감각도 필요하다. 소속 공인중개사(직원 공인중개사)가 최종 목표라면 모르겠으나, 개업 공인중개사(대표 공인중개사)를 염두에 두고 있다면 분명 비즈니스 감각은 필수다. 부동산 중개업도 분명 사업이다. 사업 감각도 전혀 없고, 꽉 막힌 마인드로는 사업을 이끌어나갈 수 없다.

10. 정신력

정신력도 필요하다. '누군가가 날 이끌어줬으면 좋겠어'라는 나약한 마음은 전혀 필요 없다. 특히 대표 공인중개사에게는 나를 이끌어줄 상사가 없다. 본인 스스로 상황에 부딪쳐 헤쳐 나가야 한다.

분명 힘든 날도 있을 것이다. 특히 상당 기간 사무소의 재정이 넉

넉하지 않은 날들도 있을 것이다. 재수 없는 날도 분명 한 번은 찾아올 것이다. 한숨만 나오는 날들도 겪게 될 것이다. 눈물바람으로 잠드는 날들도 꽤 있을 것이다. 하지만 대표 공인중개사는 이런 일들이 생긴다고 해도 어떻게든 버티겠다는 정신력이 있어야 한다. 마음이 약하기만 한 사람이라면 대표 공인중개사가 되어서는 안 된다.

11. 상도덕

상도덕이 필요하다. 이러니저러니 해도, 사실 이 업계의 선후배님 덕을 많이 보게 된다. 그들 덕분에, 혹은 그들과 함께 수익을 창출하기도 한다. 그러므로 그들과의 관계를 최대한 돈독히 할 필요가 있다. 업계의 룰은 무엇이 있는지, 무엇을 하면 안 되는지, 또 무엇을 해야 하는지를 분명히 알 필요가 있다.

12. 자부심

마지막으로 자부심이다. 다른 업종 종사자들이 다루는 금액에 비하면, 공인중개사는 꽤 큰 자산에 대해 조언하고, 운영한다. 아마 투자은행 같은 대규모 금융기관이 아닌 중소규모 사설(개인) 업종 중에서 공인중개사가 움직이는 자산의 금액이 압도적으로 클 것이다. 물론 부동산의 금액 단위가 크지 않은 지역도 있겠지만, 그럼에도 꽤 큰 자산을 움직이는 직업이라 할 수 있다. 그만한 자부심을 충분히 가져도 되는 직업임을 잊지 말아야 한다.

하지 말아야 할 일과 해야 할 일

공인중개사를 꿈꾸고 있는 분들이라면, 반드시 숙지해두어야 할 것들을 정리해보았다.

• 하지 말아야 할 일

1. 고객에게 정색하지 말 것. 사회생활을 하다 보면 정색을 잘 하는 사람들을 간혹 만나게 되는데, 고객에게 정색하는 것은 절대 금물이다.

2. '안 된다'는 말을 하지 말 것. 안 된다는 표현보다 '어렵다'는 간접적인 표현을 사용해 에둘러서 말하기를 권하고 싶다. 그렇게 에둘러 말해도 고객은 무슨 뜻인지 알아듣는다. 꼭 고객이 아니더라도, 자기의 의견에 대해 'No'라고 표현하는 상대에 대해 사람은 긍정적인 시각을 갖지 않기 때문이다.

3. 어느 누구와도 싸우지 말 것. 부득이 싸우게 되더라도 명분 없

는 싸움은 절대 하면 안 된다. 그리고 그 싸움에 앞서, 만반의 준비를 갖추어야 한다.

4. 이유 없이 사과하지 말 것. 대신 상황을 제대로 설득력 있게 표현하는 것을 권하고 싶다. 이유 없이 무조건적인 저자세로 굽실굽실하는 모습을 보인다면, 타인으로부터 존중을 받기도 어렵고 오히려 무시당할 수 있다.

5. 함부로 단정하지 말 것. 고객의 외모 등으로 재력을 판단하는 것은 절대 금물이다. 특히 젊은 고객보다, 연령이 높은 고객일수록 소탈한 자산가들이 많다.

6. 고객 앞에서 한탄하지 말 것. 고객을 마치 동네 사람 대하듯 시시콜콜한 사적인 이야기들을 너무 많이 한다거나, 고객의 면전에서 잃는 소리를 하는 것은 절대 금물이다. 이런 경우, 고객은 담당 공인중개사를 전문가로 인정하지 않는다.

7. 자기 고객을 다른 사람에게 맡기지 말 것. 아무리 바빠도 내가 맡은 고객은 내가 끝까지 브리핑하라고 권하고 싶다. 다른 직원이나 다른 공인중개사 사무소는 내가 내 고객을 귀하게 여기듯 여겨주지 않는 경우가 있다. 또한 한 고객을 여러 명이 돌아가며 응대하는 것도 바람직하지 않다. 내 고객은 끝까지 나 혼자 브리핑하는 편

이 좋다. 여러 명이 돌아가면서 응대하면, 고객은 어리둥절해할 수 있고, 사무소에 대한 신뢰도도 낮아질 수 있다.

8. 세금 안 내고 사업하지 말 것. 현금영수증 발행 등을 철저히 하라고 권하고 싶다. 자칫 비굴해지는 상황이 생길 수 있다.

9. 시장 상황을 너무 비관하거나 두려워하지 말 것. 경제가 어렵다고 다들 앓는 소리지만, 누구나 자기 고객이 있다. 버티기만 한다면 기회는 온다.

10. 옷 추레하게 입지 말 것. 공인중개사는 늘 새로운 고객을 만나야 한다. 처음 만나는 사람은 타인의 외견을 가장 먼저 의식한다. 이 점을 기억할 필요가 있다.

11. 냉난방비 및 사무용품을 아끼지 말 것. 특히 포스트잇이나 종이를 아끼지 말라고 권하고 싶다. 이런 것을 아끼려고 고민하는 시간에 어떻게 하면 사무소의 재정을 조금 더 풍족하게 할지, 고객에게 부족했던 것은 무엇이 있었는지 등을 고민하고 돌파구(방법)를 모색하는 것이 더 현명하다. 특히 이면지 사용은 정말 권하고 싶지 않다. 고객의 정보가 들어 있는 서류를 이면지로 사용하는 것은 절대 금물이다.

12. 등기사항전부증명서(등기부등본) 확인할 때 드는 비용을 아끼지 말 것. 등기부등본 발급 비용을 아까워하면 안 된다. 푼돈 아낀다고 부자가 되는 것이 아니다. 큰돈을 벌어야 부자가 되는 것이다. 공인중개사가 더 많은 돈을 벌려면 등기부등본 발급받는 비용 또한 더 많아져야 한다. 특히 큰 계약 건일수록, 계약금/중도금/잔금 입금 바로 1분전까지 스마트폰으로 등기사항전부증명서를 발급받아 확인해야 한다. (인터넷 등기소 앱 이용)

13. 아무도 믿지 말 것. 타 공인중개사 사무소도 존중해야 하지만, 그전에 내 눈으로 먼저 확인해야 한다. 그리고 내가 이해되지 않거나 잘 모르는 상황이라면 그 일을 진행해서는 안 된다.

14. 고객에게 주먹구구식으로 일 처리하는 모습을 보이지 말 것. 고객은 생각보다 훨씬 더 똑똑하다. 이 사실을 간과해서는 안 된다.

15. 정치와 종교에 대한 이야기는 고객과 되도록 하지 말 것. 특히 고객의 정치적, 종교적인 성향을 모르는 경우 더더욱 고객과 이러한 이야기를 나누는 것은 삼가는 것이 좋다. 공인중개사 본인의 정치적 혹은 종교적인 성향과 전혀 다른 성향의 고객에게 그다지 좋은 인상을 남기지 못할 수 있기 때문이다. 하지만 고객 측에서 먼저 정치와 종교에 대한 이야기를 꺼내는 경우, 철저히 고객의 성향에 맞추어 공감해주는 능력은 필요하다. 다만 이러한 이야기는 되도록

빨리 마무리 짓는 것이 좋다. 업무와 크게 접점이 없을 뿐더러, 공인중개사 본인의 정치적, 종교적 성향과 전혀 다른 고객에게 전적으로 호응하는 것도 어느 순간 한계가 드러날 수 있기 때문이다.

16. 숫자 1을 '일'이라 부르지 말 것. 숫자와 날짜를 발음할 때 1이라는 숫자는 조금 유념할 필요가 있다. 숫자 1은 '일'이라고 읽는 것보다 '하나'라고 발음하는 편이 혹여 생길 수 있는 커뮤니케이션 착오를 방지할 수 있다.

숫자 0도 마찬가지다. '공'이라고 발음하는 분들이 있는데 자칫 상대가 숫자 9로 알아들을 수 있기 때문에, 그것보다는 '영'이라고 발음하는 편이 의사소통 착오에 대비할 수 있다.

또한 '10일'은 '십 일'이라고 하기보다 '십 날', 20일은 '이십 날', 30일은 '삼십 날'이라고 발음하기를 권하고 싶다. 각각 11일과 21일, 31일과 헷갈리기 좋은 숫자들이기 때문이다.

부동산 중개에 있어 '날짜와 숫자의 표기'는 정말이지 중요하다. 이러한 숫자에 혼선이 생기면, 업무에 큰 차질이 생길 수 있다. 국어 문법에 맞지 않아 어색하긴 해도 이러한 방법으로 읽는 편이 혹여 생길 수 있는 피곤한 일을 미연에 방지할 수 있다.

• 해야 할 일
1. 세금 신고를 제대로 할 것. 특히 현금영수증 발급을 반드시 해야 한다. 매매계약 뿐만 아니라 월세, 전세, 교환 등 모든 계약에 대

해 중개수수료를 현금으로 받았다면 반드시 현금 영수증을 발행해야
한다.

2. 현장에서 고객을 만나기로 했다면, 고객보다 반드시 일찍 현장
에 도착할 것. 부지런한 고객도 있으므로, 공인중개사는 더 부지런
할 필요가 있다.

3. 오전 계약이 있는 경우 사무소 문을 일찍 열 것. 우리가 대하
는 고객 중에는 꽤 많은 자산가들이 있으며, 이들은 꽤 부지런한
사람들임을 명심해야 한다. 혹여 부지런한 고객에게 지각생 이미지
를 심어줘선 곤란하다.

4. 파쇄기를 구입해서 이용할 것. 공인중개사는 다른 직업보다 고
객의 개인 정보를 많이 취급한다. 때문에 공인중개사는 고객의 정
보를 안전하게 보호해야 하며, 법적으로도 고객과 관련된 모든 내
용에 대한 비밀 준수 의무가 있다. 이러한 의무를 다하기 위해, 고
객과 관련된 모든 서류는 파쇄기를 이용하여 없애는 것을 추천한
다. 단언컨대 고객 정보 보호를 위한 가장 안전한 방법이다.

5. 생색은 적절히 자제할 것. 생색이 과하면 반감을 얻기 쉽고, 그
렇다고 전혀 생색이 없으면 고객은 공인중개사가 들인 정성과 공을
전혀 모를 수 있다.

6. 특약사항 위에 있는 조항들을 고객에게 읽어줄 것. 고객 입장에서는 일 년에 한 번 구경할까 말까 한 계약서다. 익숙할 리 없다. 고객에게 다시 한 번 더 짚어주는 것을 권하고 싶다.

7. 계약서 보관 장소는 반드시 잠금장치가 있는 곳으로 할 것.

8. 명함에 대표 전화번호 혹은 휴대 전화번호만큼은 상대적으로 약간 큰 글씨체로 할 것. 고객 중 많은 분들이 노령이다. 이들을 배려할 필요가 있다.

9. 타 공인중개사 사무소를 존중할 것. 1차원적으로만 생각한다면 타 공인중개사 사무소는 경쟁 관계지만, 크게 보면 결국 공생관계이다.

10. 사장 공인중개사라면, '공인중개사라는 업에 대한' 그리고 '사무소 운영에 대한' 나름의 철학이 있어야 할 것. 밥이나 먹고 적당히 벌어서 살겠다는 안일한 생각은 사업 운영에 크게 도움이 되지 않는다. 오히려 이런 생각을 하는 사람은 주변 사람들에게 폐만 끼치는 사람일 가능성이 많다.

11. 부동산 시장의 상황을 늘 주시할 것. 수수료 욕심만으로 일을 하면 고객에게 근시안적인 브리핑을 하는 사람이 될 수 있다.

12. 부동산 시장에 대해 본인만의 의견을 가지고 있을 것. 만약 부동산 시장에 대해 아무런 의견이 없는 사람이라면, 간혹 심도 깊은 질문을 하는 고객에게 부족한 모습을 보이게 될 수 있다.

13. 고객의 선택을 존중할 것. 공인중개사의 눈에 분명 A라는 매물이 장래성이 있고 좋은 매물이어도, 고객이 싫다고 하면 더는 권하지 않는 것이 좋다. 고객을 위하는 진심으로 A를 어필해도, 자기주장이 강한 고객은 자신의 의견과 다른 의견을 가진 공인중개사를 좋게 생각하지 않는다.

Part
2

공인중개사는
어떤 일을 할까?

01
공인중개사의 하루

공인중개사는 하루를 어떻게 보낼까. 공인중개사 사무소마다 조금씩 다를 수는 있지만, 보통 공인중개사 사무소의 영업시간은 아침 10시부터 저녁 8시 전후이고, 주말은 토요일까지만 근무하고 보통 일요일은 휴무이다.

공인중개사 사무소 직원들은 아침에 출근을 하면, 간단한 청소 및 자리 정리를 한 뒤 커피 한 잔과 함께 하루를 시작하며 오전 근무에 들어간다. 어제 미처 하지 못한 고객과의 통화도 이 시간대에 많이 이루어진다. 회의도 오전 시간에 주로 하는데, 협업으로 이루어지는 경우가 많기 때문에 직원들 간의 소통이 필요하다. 회의는 보통 티타임을 겸한다.

매물장 관리도 오전 시간에 중점적으로 이루어진다. '매물장'이라는 것은 보통 공인중개사 사무소들이 가지고 있는 장부를 말하는데, 관리하는 부동산 매물의 정보와 상담요청을 받은 고객들의 연락처 및 상담 내용이 기록된 장부이다.

요즘은 보통 엑셀파일 등으로 관리하는데, 노트로 된 장부를 사용하는 곳도 있다. 또, 엑셀파일과 함께 노트장부를 혼용하는 사무소도 많다. 각각의 장단점이 있는데, 노트장부만을 사용하는 곳은 공인중개사 사무소의 직원 평균 연령이 높을 수 있다.

노트장부와 엑셀파일을 혼용하는 사무소의 경우, 노트장부는 워킹 고객이 갑자기 사무소에 방문했을 때 즉각적으로 상담하기 위한 용도로 많이 쓰인다. 그리고 노트에 기재한 상담 내용을 편한 시간에 엑셀파일에 옮겨서 기입한다. 이렇게 혼용하는 편이 귀찮을 수는 있어도, 고객 상담과 관련하여 혼선을 빚을 일이 없어 장점도 많다.

매물장 관리는 직접적으로 '임대인들과의 전화 통화 시간'이라고 해도 무방할 것이다. 고객의 요청 등에 의해서(예를 들면, '이러이러한 매물 찾아주세요'라는 요청 등) 임대인들과 통화를 한다. 특히 건물주 임대인들은 소유하고 있는 호실이 많아서, 공인중개사들은 아직 매물이 나오지는 않았지만 추가적으로 나올 만한 매물이 있는지 등을 임대인에게 문의하기도 한다.

임대인들과 통화를 하다 보면 임대인들은 현재 본인이 가지고 있는 부동산 자산 가치에 대해 문의하기도 하고, 현재 부동산 시장 상황에 대한 궁금증들을 물어보기도 한다. 그렇기 때문에 전화에 대해 부담감이 있는 직원들은 이 시간을 가장 괴로워하기도 한다. 그리고 이 전화 통화 시간은 꽤 중요한 비즈니스 활동이기 때문에 초짜 직원에게 전화 응대를 시키지 않는 사무소도 있다.

인터넷 광고 관리도 오전 시간대에 많이 하게 된다. 포털 사이트에 광고로 게재한 매물이 잘 광고되고 있는지 체크하고, 필요시에 추가적으로 광고를 게재하기도 한다. 그리고 광고가 종료된 매물에 대해 광고 재등록을 하기도 한다. SNS 광고 관련 게시 글도 보통 이 시간대에 주로 하는 업무이다.

최근에는 정상적인 매물을 광고하였음에도, 악의적으로 허위매물 신고를 해서 공인중개사 사무소를 곤란하게 만드는 사람들이 더러 있다. 그래서 이러한 허위매물 신고가 들어오면, 그에 대한 증빙 자료를 송부하는 등 번거로운 대응을 해야 하기도 한다.

그리고 방문 예약 없이 갑자기 방문하는 워킹 고객들 상담을 하기도 한다. 고객들은 보통 사전에 연락 없이 갑자기 오는데, 이런 부분에 대해 스트레스가 있는 직원들이 더러 있다. 하지만 원래 고객이란 '갑자기 우리 사무소에 방문해주시는 존재'이다.

오전 업무 중에는 계약서 관리도 있다. 그날 체결하게 될 계약서는 계약 1~2시간 전까지 미리 작성해놓는 게 좋다. 그래야 조급한 마음 없이 조금 더 꼼꼼한 계약서를 작성할 수 있다. 물론 공인중개사는 아무리 촉박한 상황이라도 꼼꼼하게 계약서를 작성해야 하는 것이 당연하다. 하지만 미리미리 계약서를 작성해두는 습관은 중요하다. 이러한 기본을 지키지 않고 급박하게 계약서를 작성하는 사무소도 더러 있지만, 그리 좋은 습관은 아니다.

• 공인중개사 사무소의 오전 업무
1. 고객과의 통화

2. 사무소 회의 겸 티타임

3. 매물장 관리

4. 인터넷 광고 관리

5. 워킹 고객 상담

6. 계약서 관리

공인중개사 사무소의 오후는 점심식사 이후에 이뤄진다. 사실 점심식사를 거르는 경우가 많다. 점심시간을 이용해 부동산 매물을 보려는 고객들이 있어서이기도 하고, 오전에 전화 상담이나 워킹 고객 상담을 하다 보면 어느새 점심시간을 훌쩍 넘기게 된다. 점심식사 시간은 거의 변동적이라고 봐야 할 것이다.

점심식사 이후에는 본격적으로 고객을 응대하는 시간이라고 보면 된다. 주로 매물을 보고자 하는 고객들이 오후에 많기 때문이다. 물론 아침 9시에 매물을 보여달라는 부지런한 고객도 있지만, 대부분은 오후, 특히 초저녁까지가 고객과 많이 만나는 시간이다.

오후에는 오전에 약속을 잡았던 고객에게 매물을 보여준다. 2~3개에서 많게는 4~5개 정도의 매물을 브리핑하고 나면, 거의 하루해가 다 간다. 고객 응대를 하고 정신을 차려보면 어느새 늦은 저녁 시간이 되어 있다.

계약이 있는 날은 계약 관련 준비도 하고, 필요에 따라 법무사나 세무사, 변호사를 사무소에 모셔오기도 한다. 때때로 타 공인중개사 사무소와 협동으로 하는 공동중개를 하는 경우에는 다른 공인중개사 사무소 직원들이 사무소를 방문하기도 한다. 반대로 우리 사무소 직원이 타 공인중개사 사무소에 방문하여 공동중개 계약을 진행하기도 한다.

이러한 일들을 오차 없이 진행하여야 하며, 혹여 약속 시간에 변동이 생기더라도 안정적으로 상황을 진행할 수 있어야 한다. 사람을 만나는 직업은 신뢰가 중요하다. 자꾸 시간이 변동이 된다든지, 약속 시간을 어긴다든지 한다면 평판이 안 좋아질 수 있기 때문이다. 이는 공인중개사와 고객 모두에게 해당한다.

또, 관리인이 없는 소형 빌라나 다세대 원룸, 투룸 등을 계약하게 되면, 잔금일에 도시가스·전기·수도 사용료에 대한 정산을 위해 현장에 방문해야 한다. 원래 이 업무는 공인중개사가 관리소를 통해 정산 처리 확인만 하면 되지만, 이를 공인중개사 사무소에 미루어버리는 관리소들도 있다. 혹은 관리인 자체가 없거나 임대인이 해당 매물과 너무 멀리 거주하고 있는 경우 공인중개사 사무소가 대신해서 처리하고 있긴 하지만, 이를 당연히 공인중개사 사무소가 처리해야 한다고 생각하는 분들도 있는 듯하다.

그 외에, 잔금일이 있는 날에는 잔금 입금 전 등기사항전부증명서를 한 번 더 확인한 후 잔금 입금을 진행한다. 특히 공실의 경우 입금 전 해당 매물에 방문해서 다시 한 번 더 매물의 상태를 확인하는 것을 잊지 않아야 한다. 그리고 관리비 등을 정산해서 임차하는 고객에게 인수인계도 이날 진행하게 된다.

해당 매물을 중개한 이후에 매물에 무슨 이상이나 궁금증이 있다면, 고객들은 공인중개사 사무소에 가장 먼저 문의를 하는데 이에 대한 응대도 이루어진다. 계약 이후 정상적인 상태에서 입주를 하고 난 후 해당 매물에 대한 문의는 임대인이나 관리실에 해도 되지만, 임차인 고객들은 임대인을 부담스러워하기 때문에 공인중개사 사무소에 먼저 문의를 하게 된다. 공인중개사 사무소는 그만큼 사무소를 의지하고 믿어주는 고객이기에, 오히려 고객이 체크하지 못한 부분까지 확인하여 끝까지 응대한다. 이 외에도 공인중개사 사무소의 하루는 많은 일이 있지만, 이 정도로 소개한다.

02
공인중개사 사무소의 영업

이번 꼭지에서는 공인중개사 사무소의 영업과 관련한 주요 내용 중 4가지 정도를 다뤄보고자 한다.

1. 전화통화하기

공인중개사 사무소의 비즈니스에 있어 제일 중요한 첫째는 단연 '전화통화'이다. 혹여 공인중개사 사무소를 운영하거나 공인중개사 사무소에 취업하고 싶다면, 다음 사항을 가장 먼저 체크해야 한다.

'나는 낯선 사람과의 통화를 극도로 싫어하는 사람인가.'

낯선 사람과 통화를 하고, 낯선 사람을 많이 만나야 한다는 점을 엄청 부담스럽게 생각하는 분들이 더러 있다.

하지만 어떠한 사업이든, 비즈니스를 이끌어 나가기 위해서 끊임없이 사람을 만나야 한다. 끊임없이 새로운 고객을 만나지 않으면 사업을 꾸준히 이어갈 수 없다. 그런데 모르는 사람과 데면데면하는 성격이라면, 특히 공인중개사 사무소의 업무와는 조금은 거리가 있다고 봐야 할 것이다.

공인중개사는 모르는 사람과 처음 만나 어색하지 않게 밝은 얼굴로 인사하고, 재테크 자산 중 최고봉인 부동산을 설득력 있게 설명할 수 있어야 한다. 매물의 좋은 점을 좋다고 말할 줄 알아야 하고, 부족한 부분을 어떻게 보완할 수 있다고 설명할 수 있어야 한다.

나는 사실 또래보다는 조금 일찍 사회생활을 시작했다. 본의 아니게 조그마한 사업도 꾸려보고, 사회 초년생 시절을 공인중개사 사무소에서 시작했기 때문에, 낯선 사람과 만나서 이야기하는 것에 대한 부담감은 거의 없었다. 그리고 회사원 시절에도 업무적으로 전화통화를 꽤 많이 해야 했기 때문에, 전화통화에 대한 거부감은 전혀 없었다.

물론 나도 처음부터 말을 유창하게 잘 하는 스타일은 아니었다. 게다가 모르는 사람과 전화하는 것에 대한 걱정도 많았다. 하지만 나는 나만의 방법을 찾았다. 고객과의 상담을 위한 대본을 만들었는데, 종이에 통화내용으로 나올 법한 스토리를 적어 그 종이를 보며 고객과 통화를 했다. 그렇게 점차 많은 통화를 하다 보니, 언제부터인가 종이를 보지 않아도 나름 꽤 말을 잘하게 되었다.

만약 본인이 너무 소심하다면, 먼저 고객과의 상담을 머릿속으로 상상해가며 대본을 만들기 바란다. '고객이 A라는 질문을 하면, 나는 B라는 답을 준비해서 대답해야지'라는 생각을 종이에 적어보는 것이다. 그리고 작게라도 혼잣말로 연습해보는 것을 추천하고 싶다.

2. 문자 메시지 보내기

고객과의 통화가 끝나면 반드시 해야 할 것이 있다. 바로 '문자 메시지'를 보내는 것이다. 고객과 통화가 끝난 뒤, 고객은 휴대전화에 내 전화번호를 저장할 수도 있고, 따로 내 전화번호와 상담내역을 메모해놓을 수도 있다. 하지만 따로 메모해놓은 종이가 없어진다거나 한다면, 그 고객은 나에게 연락하기 어려운 상황이 될 수도 있다. 물론 인터넷 검색으로 내 전화번호를 찾아 연락해올 수도 있지만, 인터넷 검색 등을 어려워하는 노령의 고객이라면 사정이 다르다. 그래서 고객과의 전화 상담이 끝났다면 반드시 고객에게 문자 메시지를 보내는 것이 좋다. 문자 메시지의 내용은 각각의 상황을 참고하여 알맞게 하면 되는데, 예를 들면 아래와 같은 간략한 문자 메시지를 보내는 것이다.

안녕하세요, OO공인중개사 사무소 OOO입니다. 금일 상담해드린 XXX 매물에 대해 XXXXX겠습니다. 연락 주십시오. 감사합니다.

이렇게 하면 고객도 나를 기억하기 좋고, 나도 그 고객과의 상담 내용을 기억하기에 좋다. 혹여 매물장에 그 고객에 대해 상담내역을 누락하게 되어도, 내 휴대전화 '보낸 문자 메시지함'에 그 고객에 대한 상담 내역 등이 남아 있어서 차후에 상담하기에도 편하다.

요즘에는 전화통화가 끝난 이후에, 바로 해당 공인중개사 사무소의 위치와 전화번호 등을 문자로 보내주는 서비스도 있는데 이러한 서비스를 이용하는 것도 편할 것 같다. 하지만 그 서비스를 이용하면 내 지인과의 사적인 통화를 한 경우에도, 우리 공인중개사 사무소의 홍보 문자 메시지가 갈 것 같아서 나는 이용하지 않는다. 번거롭더라도 고객과 통화 이후에, 내가 상담한 내역을 간략하게 기입해서 문자 메시지를 보내는 편이 나을 것 같아서이다.

3. 명함 디자인 신경 쓰기

셋째로 명함의 중요성을 말하고 싶다. '명함은 그 사람의 얼굴'이라는 말이 있다. 명함 디자인도 신중하게 선택해야겠지만 '전화번호'와 '성명', '직책'을 조금 큰 글씨체로 기재하기를 추천하고 싶다.

우리가 상대하는 고객 중에는 노령의 고객들도 있다. 그들은 대부분 시력이 좋지 않기 때문에 큰 글씨를 선호한다. 그래서 내 명함도 '전화번호'만큼은 좀 더 굵고 큰 글씨체로 기재했다.

그리고 디자인은 가능한 한 신뢰를 줄 수 있는 디자인이 좋다. 너무 유치한 디자인은 추천하고 싶지 않다. 우리는 최소 몇 억대의 자산을 움직이는 사람들이고, 이 직업은 타인에게 신뢰를 줄 수 있어야 하기 때문이다.

4. 경쟁사와의 관계 유지

마지막으로 경쟁사와의 관계다. 사실, 경쟁사라고는 하지만 같은 업계의 동지인 타 공인중개사 사무소를 말한다. 이들은 때에 따라서는 협력관계이기도 하고, 경쟁관계가 되기도 한다.

이러한 경쟁사에 부동산에 관한 지식 등 부족한 부분을 보여서는 안 된다. 특히 공동중개 계약에 있어서, 오히려 내가 더 많이 준비해서 리드하겠다는 마음을 가져야 한다. 그렇다고 리드하겠다는 마음이 강해서, 강압적인 자세를 취해서는 안 된다. 그들도 나와 마찬가지로 자부심과 자존심이 있는 사람이기 때문에 존중해야 한다.

특히 초면에 자칫 잘못하면 너무 앞서간다는 느낌을 줄 수 있다. 이런 인식을 주면, 차후에 내가 그들의 협조를 구해 업무를 진행할 수 있는 상황임에도 그러한 기회를 충분히 이용하기 어려울 수 있다.

그리고 경쟁사에는 가능한 한 밉보이거나 얕보여서도 안 된다. 기본적으로 타인은 내가 힘이 있으면서 겸손한 태도를 보일 때 서로 좋은 관계를 유지할 수 있고, 때때로 도움을 주고받을 수 있기 때문이다.

03
공인중개사 사무소의 광고

어느 업계나 마찬가지겠지만, 이제는 광고 없이는 사업을 할 수 없는 시대다. 공인중개사 사무소 역시 막대한 광고료를 지불하는데, 부동산 광고는 크게 무료 광고와 유료 광고로 구분할 수 있다.

1. 무료 광고

무료 광고로는 단연 SNS를 꼽을 수 있다. 그중 블로그는 가장 기본적으로 운영해야 한다. 포털사이트마다 블로그를 운영하고 있기는 하지만, 네이버 블로그를 추천한다. 최근에는 유튜브가 대세라고 하지만, 네이버는 여전히 검색 부문에 있어서는 톱의 자리에 있는 포털사이트이다. 많은 사람들이 네이버를 사용하고 있기도 하고, 여전히 대부분의 사람들은 궁금해하는 것이 있을 때 제일 먼저 네이버를 이용하기 때문이다. 그래서 어중간한 홈페이지를 운영하느니, 차라리 네이버 블로그를 잘 운영하는 것이 낫다. 블로그는 잘만 운영한다면 많은 고객들에게 우리 사무소를 알릴 수 있는 큰 기회가 되기도 한다. 하지만 꾸준히 운영해야 한다는 점이 역시나 난제다.

블로그 외에 최근 급부상하고 있는 것은 단연 유튜브다. 이제는 정말 이미지 시대에서 동영상 시대로 트렌드가 바뀌어간다는 것을 체감하고 있다. 많은 사람들이 유튜브로 자신을 드러내고, 홍보함에 주저함이 없다. 공인중개사들도 이 대세의 흐름을 잘 타야 할 것이다. 이것은 단연코 기회이다.

자신을 드러내는 것에 대해 굉장히 소극적인 이들도 있는데, 사업을 한다면 다시 한 번 더 생각해봐야 할 것이다. 내가 나를 드러내야 결국 기회도 찾아온다.

블로그와 유튜브 외에도 브런치, 인스타그램, 페이스북, 트위터, 카페 등이 있는데, 어떤 플랫폼이든 잘만 운영해 나간다면 상당한 수확을 걷을 수 있을 것이다. 물론 즉각적인 수익으로 이어지기도 하고, 또 장기적으로도 내가 게재한 콘텐츠가 우리 사무소를 24시간 홍보해주기 때문에 지속적으로 애정을 가지고 관리할 필요가 있다.

2. 유료 광고

유료 광고는 무엇이 있을까. 우선 유료 광고를 언급하기 전에, 개업 공인중개사라면 공인중개사들이 이용하는 거래정보망 가입을 추천한다. 한국공인중개사협회에서 운영하는 '한방'은 기본적으로 공인중개사들이 이용하는 프로그램인데, 계약서 작성 등 편리한 기능이 잘 구비되어 있어 사용하기에 좋다. 그리고 이 프로그램을 이용해 네이버에 무료 매물광고도 게재할 수 있다. 물론 유료 광고에 비해, 하단에 위치한다는 점이 있지만 그래도 꽤 유용한 기능이다.

또 서울 강남권에 소재하는 공인중개사 사무소라면 '공실닷컴'도 필히 가입해야 할 사이트 중 하나이다. 이 사이트는 직접적으로 일반 고객에게 매물광고를 하는 사이트는 아니지만, 공동중개를 위해 공인중개사들이 이용하는 사이트다. 공동중개를 염두에 두고 있다면 이곳에 내 매물을 등록해, 타 공인중개사 사무소와 협력하여 계약을 체결할 수 있다는 장점이 있다.

그리고 일반적인 고객에게 하는 광고는 단연 네이버 부동산 사이트이다. 아마 대부분의 공인중개사 사무소가 이용하고 있다고 봐도 과언이 아니다. 물론 각 공인중개사 사무소마다 운영하는 스타일이 다르겠지만, 대부분 네이버 광고는 공통적으로 이용하는 편이다.

네이버 부동산 사이트에 부동산 매물광고를 하려면 일정의 절차가 필요하다. 이용하는 사이트마다 운영방침이 조금씩 다를 수 있지만, 대략 아래와 같다.

1. 매경부동산, 한경부동산, 부동산114 등의 사이트 중 한 곳에 가입을 한 뒤, 매물광고 등록을 위해 해당 사이트에 연간 회비와 네이버 매물광고 게재를 위한 비용을 납부한다.

2. 위 사이트 중 가입한 사이트에 부동산 매물을 등록한다. 하지만 이 상태만으로는 아직 네이버 부동산 광고가 게재되지 않는다.

3. 위에서 등록한 매물을 네이버 부동산 사이트에 전송하여 매물광고를 게재한다. 전송비용은 매물 한 건당 매번 지불된다.

그 외에 공인중개사 사무소 앞에 조그마한 칠판이나 게시판을 두어 매물을 홍보하는 방법도 좋다. 특히 금액대가 큰 매물광고는 좀 더 진중한 글씨체에, 약간의 포인트만 줘서 광고물을 게재하는 것이 좋다.

사무소 앞에 두는 광고 게시판을 누가 보겠냐 싶지만, 고객들은 꽤 주의 깊게, 그리고 꼼꼼하게 살핀다. 그러니 광고 문구 한 글자 한 글자에도 정성과 세심함을 담아 작성하는 것이 좋다. 광고 문구 하나하나가 우리 사무소의 얼굴이자 이미지이기 때문이다.

물론 인터넷 포털사이트 게재광고도 마찬가지이다. 예전에는 나도 적당히 담백하게 광고 문구를 작성하여 게재했지만, 지금은 대표 공인중개사라 그런지 좀 더 꼼꼼하고 정중하게 그리고 상세하게 매물광고 문구를 기재한다. 어디선가 내가 게재한 매물광고를 읽고 있을 이름 모를 고객이 랜선으로나마 우리 사무소에 대한 신뢰를 느낄 수 있도록 조금 더 세심하게 신경 쓰고 있다.

공인중개사 사무소의 상담 업무

"네이버 매물광고보고 연락드리는데요, OO매물 아직 있나요?"

위 문구는 고객들이 공인중개사 사무소에 흔히 보내 주는 문의 문자 메시지이다. 사실 예전에는 문자 메시지로 매물문의를 하는 고객은 매물에 대한 의사가 아직 명확하지 않은 고객이라는 인식이 있었다. '정말 꼭 그 매물이 필요하면, 전화로 문의하지 왜 문자 메시지로 문의하겠어?'라는 인식이 있었다고 할까.

하지만 세월이 확실히 변했다는 게 많이 느껴진다. 문자 메시지, 카카오톡 메시지, SNS 댓글 등으로 오는 고객들의 문의가 예전보다는 확실히 늘었음을 체감한다. 그도 그럴 것이 요즘은 직업의 종류도 예전보다 더 다양해져서 생활 패턴도 사람마다 다르고, 특히 직장인 고객들의 경우 사내에서 전화통화가 쉽지 않아, 주로 문자 메시지 상담을 하는 편이기도 하다.

우리 사무소의 단골 고객도 도통 전화통화를 할 수가 없다. 정말

급한 경우에는 통화를 해야 하는데 안타깝게도 통화를 할 수 없다. 역시 문자 메시지로만 대화를 할 수밖에 없는 분이다.

반면에 공인중개사는 '대면 상담'도 많다. 특히 금액대가 큰 상담은 주로 얼굴을 보며 상담이 이루어진다고 보면 된다. 그렇다면 공인중개사 사무소에서의 상담은 어떻게 이루어질까.

우선 공인중개사 사무소에 상담하러 오는 고객을 2가지 부류로 구분하여 파악할 필요가 있다.

1. '시장 파악을 위해' 상담을 요청하는 고객

이런 고객은 요새 부동산 시장이 어떤지 시장 파악을 하고 싶어서 사무소에 들러주시는 고객이다. 이들은 기존에 우리 사무소를 통해서 계약을 체결한 분이거나, 아니면 다른 공인중개사 사무소를 통해 근처 부동산을 소유하고 있는 고객인 경우가 많다. 물론 부동산 소유주가 아닌 일반 고객도 시세 문의를 위해 많이 상담을 요청한다.

또 재미있는 것은 주변 부동산의 소유주임에도 불구하고, 일반 고객인 것처럼 요즘 부동산 시장의 분위기를 물어보는 고객도 있다. 물론 대화를 하다 보면 인근 부동산의 소유주임을 알 수 있다. 하지만 굳이 자신의 신분을 밝히지 않는 고객에게는 그냥 일반 고객에게 안내해드리듯 상담하기도 한다.

2. '정말 계약을 원해서' 상담을 요청하는 고객

앞에서 언급한 고객도 우리의 소중한 고객이지만, 단기간 내에 직접적으로 사무소를 성장시켜주는 고객은 정말 매물을 구하고자 우리 사무소를 방문해주는 고객이다.

이런 고객의 상담은 빠르고 심도 깊게 진행되어야 한다. 만약 고객이 우리 사무소에 없는 매물을 원한다면, 레이더를 펼쳐서 필요한 매물을 꼭 찾아주거나 혹은 만들어서라도 고객에게 브리핑하며 보여드려야 한다. 그게 우리 사무소를 찾아준 고객에 대한 예의고 본분이다.

정말 계약을 원해서 상담 요청하는 고객을 단순히 시장파악을 원해서 상담 요청하는 고객이라고 착각해 응대하면 안 된다. 마찬가지로 단순히 시장파악을 원해서 상담 요청한 고객을 정말 계약을 원해서 상담 요청하는 고객이라고 착각해서 응대하는 우를 범해서도 안 된다.

고객으로부터 상담 요청이 들어온다면, 첫째에 해당하는 고객인지 둘째에 해당하는 고객인지 직감적으로 파악할 수 있어야 한다. 그렇지 않으면 고객도, 사무소도 둘 다 시간낭비를 하게 된다.

고객에 대한 파악을 끝낸 후 비로소 상담이 진행되는데, 상담 내용은 아무리 바빠도 기록을 하며 상담하는 것이 좋다. 나중에 따로 기록하려 했다가 다른 고객과의 상담이 갑자기 연이어 생기는 경우, 그전 고객과 상담한 내용을 잊어버릴 수 있기 때문이다. 엑셀에 상담 내용을 바로 바로 기입해도 좋고, 노트에 상담 내용을 적어도 좋다. 상담 내용은 상담 중에 기재를 하는 것이 제일 좋다. 그렇다면 상담노트에 기재해야 하는 내용은 무엇이 있을까. 공인중개사마다 차이는 있지만 대략 다음과 같다.

1. 고객 연락처

상담 내용을 기입하는 노트의 가장 첫 번째 칸은 어느 공인중개사 사무소나 공통이겠지만 '고객의 연락처'이다. 고객의 연락처는 공인중개사 사무소의 영업 기밀에 해당하는 정보인데, 직접적으로 공인중개사 사무소와 고객 사이의 연결고리 역할을 하기 때문이다.

간혹 고객 상담 중 깜빡 잊고 상담노트에 고객의 연락처를 기재하지 않는 경우가 있는데, 그러면 아무리 정성을 다한 상담이라고 해도 무의미한 상담이라 할 수 있다. 상담 이후 매도, 매수, 임대, 임차에 대한 일의 진행이 불가능해지기 때문이다. 그래서 대부분의 공인중개사 사무소의 직원들은 고객과의 상담 바로 직전에 고객의 연락처를 먼저 물어본다. 나중에 상담이 다 끝나고 고객에게 연락처 물어보는 것을 잊어버릴까 봐 염려해서 그런 것이다.

참고로 아무리 열심히 상담을 해드려도 본인의 연락처를 제공하지 않는 고객이 있는데, 이런 고객은 우리 사무소의 진짜 고객이 아니라고 보면 된다. 그들은 자신이 원하는 정보만 우리 사무소에서 제공받기를 원하는 사람들일 뿐이다.

2. 상담 매물의 종류 및 주소(동, 호수 포함)

간혹 매물의 종류를 기재하지 않고, 금액과 고객 연락처만 기재하는 경우가 있는데 주의해야 한다. 물론 고객의 연락처가 있으므로 전화해서 다시 한 번 더 물어볼 수 있지만, 예민한 고객은 자신과의 상담 내용을 직원이 주의 깊게 생각하지 않았다고 판단할 수 있기 때문에 상담 시에 꼼꼼히 매물의 종류를 잘 기재해야 한다.

주택이라면 아파트인지, 다세대 주택인지, 다가구 주택인지, 관리비는 얼마인지, 관리비에는 무엇무엇이 포함되어 있는지, 주차비는 별도로 존재하는지, 주차비가 있다면 금액은 얼마인지, 주택의 옵션이 있다면 어떤 것이 있는지 등도 확인해야 한다.

상가나 사무실이라면 주차 대수도 중요하다. 주차가 가장 예민하기 때문이다. 반드시 주차비는 얼마인지, 주차 대수는 몇 대까지 가능한지 물어보고, 화장실이 사무실 안에 있는지 밖에 있는지, 관리비는 얼마인지, 관리비에 포함된 내역은 무엇이 있는지 등을 물어보아야 한다.

빌딩이라면 (특히 빌딩 통 매매의 경우에 있어서) 총 몇 층 건물인지, 총 호실은 몇 개인지, 임대 중인 호실의 총 보증금과 총 월세는 얼마인지, 공실인 호수는 있는지, 현재 관리비는 어떻게 책정되어 있는지, 주차는 가능한지, 주차장의 위치는 어디인지 등을 물어보아야 한다.

3. 매물의 금액

매도인 혹은 임대인이 원하는 금액을 기재하면 된다. 임대차의 경우 임대인이 아닌 임차인들이 만기 전 퇴실을 하기 위해 중개의뢰를 하는 경우가 있는데, 이때 임차인의 임차 계약 만기일을 정확히 기재하고 임차인으로부터 임대인의 연락처를 받아야 한다. 그리고 임대인과 통화를 해서 매물의 금액을 다시 한 번 더 확인해야 한다. 임차인이 만기 전 퇴실을 하는 경우, 임대인이 임대료 금액을 변경하기 원하는 경우가 있기 때문이다.

4. 입주 시기 및 공실 여부

토지의 경우에는 해당이 없지만, '입주 시기 및 공실 여부'도 중요하다. 현재 해당 부동산의 임차인이 없는 경우를 보통 '공실'이라고 부르는데, 이러한 공실 여부도 확인해야 한다. 그리고 임차인이 있다면 며칠에 이사 계획을 하고 있는지, 이사 계획이 유동성이 있어 조정될 수 있는지 등을 확인하여야 한다.

공실 매물의 경우, 직접 시간을 내어 해당 매물에 가서 사진을 찍어와 인터넷에 매물광고를 게재하는 것도 좋다. 그 외 임대차 중인 매물의 경우는 고객에게 혹시 해당 부동산의 사진을 제공해줄 수 있는지를 물어보고 이미지를 제공받는 것도 좋다. 그러나 사실 고객에게 사진을 찍어서 보내달라고 하면, 종종 넓은 평수도 좁은 평수처럼 나온 사진을 보내주기도 해서 가능한 한 직접 사진을 찍어오는 것이 좋다.

고객 상담 경험이 아직 부족한 신입 공인중개사라면, 위 내용이 꽤 업무에 도움이 될 것이다.

05
공인중개사 사무소의 계약

"오늘도 계약 많이 쓰는 하루 보내세요~!"

공인중개사들이 사용하는 사이트에 올라오는 게시 글들 중에는 위와 같은 문구로 마무리 인사를 하는 글들이 더러 있다. 그만큼 '계약'은 공인중개사 사무소 운영에 있어서 꽤 중요한 의미를 가진다. 그렇다면 부동산 계약은 어떻게 이루어질까. '부동산 계약이 이루어지는 과정'은 다음과 같다.

1. 고객의 오더

우선 고객의 오더가 있어야 한다. 전세든, 월세든, 매매가 됐든, 고객이 나타나야 일이 진행된다. 그리고 고객 문의가 들어오면 공인중개사들은 가장 먼저 아래 6가지를 확인한다.

• 고객이 원하는 매물의 종류는 무엇인지
• 매매/전세/월세 중 어떠한 형태의 계약을 원하는지

- 원하는 매물의 금액은 어느 정도 선인지
- 매물이 건축물이라면 입주예정이 있는지 혹은 언제 입주할 예정인지
- 매매 계약이라면 실입주가 반드시 전제되어야 하는지 아니면 단순히 임대수익이나 갭투자를 염두에 둔 투자 목적인지
- (특히 매매의 경우) 현금 보유량이 얼마나 되는지

간혹 매물의 종류도 애매하게, 원하는 금액대도 애매하게, 입주 시기 여부도 애매하게, 현금 보유량도 애매하게 표현하는 고객이 있는데, 이런 경우에는 일의 진행이 어려울 수 있다. 정확한 오더가 있어야 일을 올바르고 빠르게 진행할 수 있기 때문이다.

아울러 고객에게 브리핑하기 전에, 건축물대장 및 등기부등본 등의 내용을 인지한 후 브리핑해야 한다. 특히 매매 계약에 있어서는, 고객과 만나기 전 건축물대장과 등기부등본뿐 아니라 해당 매물의 기존 실거래가(혹은 동일 평형 대 또는 비슷한 매물의 실거래가 등) 및 지적도, 지분(특히 재건축 매물에 대해서는 지분도 정확히 확인해야 한다.) 등의 내역을 사전에 충분히 숙지한 뒤 고객에게 브리핑해야 한다.

2. 매물 확인

이어서 고객이 원하는 매물을 볼 수 있도록, 현재 그 매물에 살고 있는 임차인(세입자) 혹은 부동산 소유주, 또는 관리인과 시간 약속을 잡는다. 그리고 고객을 모시고 해당 부동산을 보여주며 브리핑을 한다.

사실 이 과정부터가 만만치가 않다. 대부분 사람들은 부동산 매물을 방문하여 구경하는 과정이 꽤 간단하다고 생각한다. 언제든 원하는 때에 아무 때나 공인중개사 사무소에 연락만 하면 즉시 매물을 볼 수가 있다고 생각한다. 하지만 그렇지 않다. 특히 공실이 아닌 기존 임차인이 있는 경우가 더욱 그렇다. 그래서 많은 사람들의 협조와 이해를 구해야 하는 과정이 필요하다.

보통 임차인들은 대부분 집을 안 보여주고 싶어 하는 경향이 있는데, 그러다 보니 임차인과 약속해서 집을 보여준다는 것 자체가 쉬운 일이 아니다. (나도 어렸을 때 공인중개사 사무소에서 우리 집을 보러온다고 하면 꽤 신경 쓰여 했기 때문에, 사실 임차인들의 마음을 십분 이해한다.)

기존 임차인이 있는 매물을 중개하기 위해, 임차인이 집에 머물러 있는 시간에 맞추어 집을 보아야 하는데 임차인들이 집에 있는 시간을 고객이 도저히 맞출 수 없는 경우라든지, 임차인들이 지방 혹은 해외에 있어서 고객이 집을 볼 수가 없다든지, 혹은 어렵게 임차인과 약속을 잡아놓고 임차인의 집에 고객을 모시고 갔는데 임차인이 갑자기 전화를 안 받는 상황 등 무수한 상황이 발생한다.

임차인과 임대인의 사이가 좋지 않아서 임차인들이 고의적으로 해당 매물을 보여주지 않아 계약을 할 수 없는 경우도 더러 있다. 그래서 반드시 계약이 성사될 건이었음에도, 기존 임차인의 협조가 어려워 계약체결이 틀어져버리는 경우도 꽤 있다.

몇몇 임대인 혹은 임차인들은 고객이 집을 보지 않고 계약하면 안 되냐는 식으로 말하기도 하는데, 가능할 수는 있지만 바람직한 일은 아니다. 고객이 실제 매물을 보지 않고 계약을 하는 경우, 임대인과 기존 임차인 그리고 공인중개사 모두에게 부담이 갈 수 있는 상황이 생기기도 하기 때문이다.

특히 간혹 투기 열풍으로 다른 지역에서 온 고객 중에 실제 매물을 보지도 않고 계약하겠다는 분들이 있는데, 그런 고객들은 우선 차분하게 말려야 한다. 실제 매물을 보지 않고 계약을 한다는 것은 공인중개사로서도 위험부담이 크기 때문이다. 작은 꼬투리 하나로도 실랑이가 오갈 수가 있다. 반드시 한 번은 고객을 현장에 모시고 가서 직접 매물을 보여드리며 브리핑한 뒤 계약을 체결해야 한다.

3. 부동산 소유주와 통화

해당 매물을 고객에 보여드리며 브리핑하고 나서, 고객이 계약 체결하고자 하는 의사를 표현하면 공인중개사는 임대인 혹은 매도인(혹은 공동중개 계약인 경우 해당 물건지 부동산)과 통화를 한다. 이들과의 통화에서 공인중개사는 계약을 원하는 분이 계약금을 송금하려고 하니 부동산 소유주 명의의 계좌번호를 알려달라고 요청한다.

4. 등기부등본·건축물대장 확인 및 계약금 송금

부동산 소유주의 계좌로 고객이 일정 금액의 계약금을 송금해야, 이때부터 본격적으로 계약이 진행된다고 보면 된다.

부동산 소유주들은 자신의 부동산을 계약하려는 고객이 누구인지 꽤 궁금해하는데, 특히 임대차 계약의 경우 고객의 연령은 어떻게 되는지, 성별은 어떻게 되는지, 왜 임차를 하려 하는지 등을 공인중개사에게 물어보는 경우가 더러 있다. 궁금해서이기도 하지만 별별 사람이 많은 세상이다 보니 노파심에 나쁜 사람은 아닐지 걱정하는 것이다.

계약금은 통상 매매 대금 혹은 임대차 계약 보증금의 10%인데, 그 이상으로 정할 때도 있고 그 미만일 때도 있다. 하지만 계약금 전부를 입금하기 전에(통화 상으로 부동산 소유주의 계좌번호를 받고 나서) 계약금의 10%보다 조금 적은 금액을 '계약금 중 일부'로 입금하고, 계약서를 작성하는 날 계약금의 나머지가 온전히 부동산 소유주의 계좌로 입금된다고 생각하면 된다.

위에서 언급한 '계약금 중 일부'라는 표현 대신 '가계약금'이라는 표현을 아직도 쓰는 분들이 있는데, 사실 '가계약금'이라는 것은 없다. 정확히 표현하자면 '계약금 중 일부'라고 표현해야 맞다.

매매 계약의 경우, 계약금 송금 전 유선 상으로 부동산 소유주와 고객 간의 중도금 입금일 및 잔금일(입주일)을 대략적으로라도 정하는 것이 좋다.

간혹 부동산 소유주 명의의 계좌가 아닌 타인 명의의 계좌로 계약금 등의 입금을 요구하는 부동산 소유주들이 있는데, 되도록 부동산 소유주 명의의 계좌로 입금하는 것을 권장한다. 물론 실무상에서는 부득이 그럴 수 없는 경우도 있긴 하지만, 가능한 한 부동산 소유주 명의의 계좌로 계약금 송금을 추천한다. 그래야 고객들이 안심을 하기 때문이다.

이때 계약금 송금 전 등기사항전부증명서(등기부등본)를 반드시 확인해야 한다. 간혹 복잡한 문제에 얽혀 있는 부동산인데, 이를 확인하지 않고 계약금을 송금하게 되면 곤란한 상황이 벌어질 수 있기 때문이다. (기본적으로 계약금, 중도금, 잔금을 입금하기 전에는 반드시 등기부등본을 확인하여야 한다.)

건축물의 경우, 건축물대장도 꼭 발급받아 확인해보기를 바란다. 건축물대장을 확인해야 해당 건축물이 적법한 건축물인지 혹은 현재 어떠한 문제는 없는지 알 수 있기 때문이다. 특히 상가나 사무실의 경우 해당 건물이 건축물대장 상의 문제가 있어서, 고객이 사업자등록증을 발급받을 수 없는 곤란한 경우가 생길 수도 있다. 그러므로 꼭 매매 계약뿐만 아니라 전월세 계약 시에도 건축물대장을 반드시 확인해야 한다.

5. 계약금 혹은 계약금 중 일부 금액 입금 확인

고객이 계약금 혹은 계약금 중 일부를 부동산 소유주 명의의 계좌로 송금한 뒤, 다시 부동산 소유주(공동중개 계약이라면 물건지 공인중개사 사무소)에게 연락하여 입금여부에 대해 확인을 요청한다. 그리고 입금이 확인되었다면 연락해달라고 부탁한다.

6. 계약서 작성일 시간 잡기

부동산 소유주(공동중개 계약이라면 물건지 공인중개사 사무소)가 계약금 입금을 받았다고 연락이 오면, 부동산 소유주 및 고객과 계약서 작성하는 날을 잡아야 한다. 계약서를 작성하는 날은 고객과 부동산 소유주 모두 편한 날 중 가능한 한 빠른 날로 잡는 것이 좋다. 물론 각 공인중개사 사무소마다 계약서 작성하는 스타일이 다를 수 있지만, 되도록 계약서 작성하는 날은 빨리 잡는 것이 좋다. 사람의 마음은 유동적일 수 있기 때문이다.

계약서 작성하는 날을 잔금일로 잡는 것은 별로 추천하고 싶지 않다. 잔금일에 계약서를 작성하면 모든 것을 한 번에 처리할 수 있어서 편하다고 생각할 수 있겠지만, 혹여 번거로운 일이 생겼을 때 일을 진행함에 있어 조정할 여지가 없거나 시간이 촉박할 수 있기 때문이다.

7. 계약서 작성

계약서 작성하는 날과 시간을 잡았다면, 미리미리 '계약서'를 작성해두어야 한다. 가끔 계약서 작성일 당일 고객이 사무소에 도착하기 10분 전에 허겁지겁 계약서를 작성하는 분들이 있는데, 절대 바람직하지 않다. 계약서 작성 후 오탈자 확인하는 시간까지 감안한다면, 적어도 고객이 사무소에 도착하기 1시간 전에는 계약서 작성을 모두 마쳐놓기를 권하고 싶다.

공동중개의 경우 보통 물건지 공인중개사 사무소에서 계약서를 작성하는 것이 관례이기 때문에, 고객 측 공인중개사 사무소는 계약서를 작성하지 않는다. 그리고 이러한 공동중개계약의 경우, 계약서 작성일에 물건지 공인중개사 사무소로 고객을 모시고 가서 계약서를 작성한다.

계약서를 작성하는 공인중개사는 계약서 작성 이후 프린트하여 오탈자를 최소 5번 이상 확인하기를 권하고 싶다. 간혹 종이가 아깝다고 컴퓨터 모니터 상으로만 오탈자를 확인하는 분들이 있는데, 절대 바람직하지 않다. 모니터 상에서는 발견되지 않았던 오탈자가 프린트한 종이에서 발견되는 경우도 있기 때문에, 반드시 종이로 프린트한 뒤 연필로 각 항목을 체크해가며 오탈자를 확인하는 것이 제일 바람직하다.

8. 중개대상물확인설명서 작성

계약서뿐만 아니라 '중개대상물확인설명서'도 준비해야 한다. (중개대상물확인설명서는 해당 부동산의 설명서라고 생각하면 된다.) 중개대상물확인설명서의 내용이 많다 보니 간혹 누락해서 작성하는 경우가 있는데, 꼼꼼히 작성하고 프린트해서도 다시 한 번 더 확인해야 한다. 오탈자 확인은 계약서 작성과 마찬가지로 최소 5번 이상 확인하기를 권하고 싶다.

아울러 공동중개 계약의 경우, 계약 당일 물건지 공인중개사 사무소에 15분 정도 일찍 도착해서 물건지 공인중개사 사무소에서 작성한 계약서와 중개대상물확인설명서 초안을 꼼꼼히 확인한 뒤 계약을 진행하는 것이 바람직하다.

9. 개인정보 활용 동의서 준비

추가적으로 '개인정보 활용 동의서'도 미리 프린트해두어야 한다. 이 동의서는 계약을 하는 고객들이 서명하는 종이이다. 이 서류의 내용은 법적으로 5년 동안 부동산 계약서와 중개대상물확인설명서를 보관해야 하는 의무가 있는 공인중개사가 해당 부동산 체결과 관련하여 고객들의 이름, 성별, 주민번호 등의 개인정보를 보관할 예정이며 이에 대한 동의를 고객에게 받는 서류라고 생각하면 된다.

공동중개 계약의 경우, 고객 측 공인중개사 사무소라면 미리 프린트하여 챙겨가는 것을 권하고 싶다.

10. 계약 시 필요한 준비물 체크

계약서 작성일 사전에 부동산 소유주 및 매수 혹은 임차를 희망하는 고객 양측에게 '신분증'을 지참하여 내방해달라고 요청해두어야 한다. 간혹 깜빡 잊고 신분증을 지참하지 않은 채 사무소에 내방하여 계약서를 작성하고자 하는 고객들이 있기 때문이다. 신분증 지참에 대한 내용은 계약 당일 아침에 고객에게 문자 메시지를 보내 한 번 더 상기시키는 것도 좋다. (그리고 고객의 답장이 안 온다면 직접 통화해 신분증 지참을 요청한다.)

아울러 계약과 관련한 금액을 송금하는 고객에게는 사전에 며칠 몇 시에 부동산 소유주에게 송금을 해야 한다고 미리 언질을 해두어야 한다. 대부분의 고객은 부동산 계약 경험이 많지 않아서, 얼마를 언제 송금해야 할지 잘 모르기 때문에 계약서에 기재되는 내용일지라도 계약서 작성 전 그리고 계약서 작성 후에 한 번 더 상기시켜 고객에게 안내할 필요가 있다.

요즘은 송금을 주로 스마트폰뱅킹으로 하는 추세이기 때문에, 송금이 이루어져야 하는 날 이전에 미리 고객에게 본인의 '계좌이체 한도액'이 얼마인지를 은행에 들러 확인하라고 안내하는 것도 좋다. 대부분의 고객은 본인의 계좌이체 한도액에 대해 잊고 있기 때문이다. 은행의 OTP카드나 보안카드 지참 등에 대한 내용도 간략히 언급해주는 것도 좋다.

이런 이유로 부동산 계약서 작성 일시를 '은행 영업일 중 은행 영업시간 내'에 진행하는 경우가 많다. 즉, 부동산 계약서 작성 일시는 은행 영업일이면서 오후 3시 전로 잡는 것이 좋다. 혹여 스마트폰뱅킹 등의 계좌이체 시, 계좌이체 한도액이나 비밀번호 오류 등의 사유가 생기더라도 은행 마감 시간인 오후 4시 전에만 은행에 도착하면, 계약과 관련한 금액을 비교적 안정적으로 송금하여 진행할 수 있기 때문이다. (이는 계약금뿐만 아니라 중도금 송금일, 잔금 송금일 모두에 해당하는 내용이다. 가능한 한 은행 영업일 중 오후 3시 이전으로 송금 약속을 잡는 것이 좋다.)

매매 계약의 경우, 매도인 고객에게는 계약서 작성일 사무소에 내방할 때 신분증 외에 몇 가지 더 추가적으로 지참해야 할 준비물들이 있는데 내용은 아래와 같다.

- 신분증

- 매도용 인감증명서상의 인감도장

- 발급된 지 3개월 이내 매도용 인감증명서 원본 1통

- 발급된 지 3개월 이내 주소 변동이 포함된 주민등록초본 1통

- 등기권리증(집문서)

- 현 임차인과 작성한 임대차 계약서 원본

- 월세 입금 내역(현재 해당 매물의 임차인이 있다면)

그중 첫 번째 준비물은 바로 '매도인용 인감증명서 상의 도장'이다. 많은 고객들이 부동산 계약서를 작성한다고 하면 본인의 신분증보다 도장을 먼저 챙기는 경우가 많은데, 사실 도장을 꼭 챙길 필요는 없다. 본인의 서명만으로도 어떠한 부동산 계약서든 작성할 수 있다.

하지만 매매 계약의 경우 이야기가 좀 다르다. 매도를 하는, 즉 부동산을 파는 소유주는 매매 계약서를 작성하는 날, 반드시 본인의 인감도장(매도용 인감증명서 상의 인감도장)을 지참하여 공인중개사 사무소에 방문해야 한다. 인감도장이 없다면 사전에 인감도장을 만들어서 동사무소에 들러 인감으로 등록하여야 한다. 그리고 공인중개사는 인감도장을 반드시 매도용 인감증명서 원본과 대조한 뒤 계약을 진행하여야 한다.

두 번째 준비물은 발급된 지 3개월 이내의 매도용 인감증명서 원본 1통인데, 보통의 인감증명서가 아닌 '매도용 인감증명서'여야 한

다. 매도용 인감증명서는 동사무소에서 발급받을 수 있다.

매도용 인감증명서는 매수인(부동산을 사는 사람)에 대한 정보를 알고 있어야 발급이 가능하기 때문에, 부동산 소유주가 매도용 인감증명서를 발급받으러 동사무소에 방문하기 전, 공인중개사로부터 관련 사항들을 안내 받은 뒤 동사무소를 방문해야 한다.

세 번째 준비물로는 발급된 지 3개월 이내 주소 변동이 포함된 주민등록초본 1통이다. 그 외에는 등기권리증(집문서), 현 임차인과의 임대차 계약서 원본, (현재 해당 매물의 임차인이 있다면) 그동안 월세 입금 내역(은행에서 발급 가능)을 꼽을 수 있다. 이 서류 역시 매매 계약서를 작성하는 날 부동산 소유주가 지참하여 사무소에 방문할 수 있도록 공인중개사가 사전에 안내해야 한다. 그러나 실무상, 계약서 작성일 보다는 대부분 잔금일에 등기권리증을 지참토록 하는 경우가 더 많다.

물론 등기권리증과 현 임차인과 작성한 임대차 계약서 원본은 매매 계약서를 작성하는 때에 확인 용도로만 사용하고 잔금을 치르기 전까지는 부동산 소유주가 보관하거나 공인중개사 사무소에 보관하는 것이 통례다. 그리고 잔금이 모두 송금된 후, 매수자에게 등기권리증과 현 임대차 계약서 원본을 전달하면 된다.

부동산 소유주에게 그동안의 임대료 입금 내역을 요청하는 것도 좋다. 임대료와 같은 내용은 기존 임대차 계약서를 통해서 확인할 수도 있으나, 더 정확한 자료를 확인할 필요가 있는 때에는 부동산 소유주에게 임대료가 들어오는 계좌의 은행에 방문하여 임대료 입금 내역 자료를 받아올 수 있도록 안내하기도 한다. 그리고 매매 계약서를 작성하는 날 이러한 서류를 한 번 더 체크해서 거래의 안정성을 더욱 높일 수 있다.

반대로 매수를 하는 고객은 인감증명서 상의 인감도장이 필요 없다. 본인의 서명만으로도 부동산 매수 계약서를 작성할 수 있다.

그 외에 매매든 임대차든 관리비 금액 등의 여부를 체크해야 하며, 입주를 요하는 계약의 경우 관리실에 이사 날짜 등을 통보해야 한다. 물론 통보해야 하는 의무가 있는 것은 아니지만, 엘리베이터 사용 등을 편리하게 하기 위해 관리실에 이삿날을 통보해주는 것이 좋다.

아울러 부동산 소유주를 통해서도 관리실에 이러한 입주 등의 내용을 한 번 더 통보하도록 안내하는 것이 좋다. 종종 어떤 관리실의 경우 임대인 혹은 기존 임차인의 이사 통보 외, 외부인이 통보하는 내용에 대해서 신경 쓰지 않고 무시하는 경우가 있기 때문이다.

한 가지 더 체크해야 할 것이 있다. 해당 계약의 당사자가 계약서 작성 당일 사무소에 내방을 하는지 여부이다. 부득이 바쁜 일정 때문에 사무소에 내방하지 못하는 고객들도 있기 때문에, 계약서 작성일 사무소에 계약 당사자의 대리인이 나오는 경우도 더러 있다. 특히, 계약 금액이 적은 계약의 경우에는 부동산 소유주가 계약 당일 사무소에 방문하지 않는 경우가 많다.

물론 대부분의 고객의 경우 본인이 직접 사무소로 내방하여 계약을 진행한다. 그러나 간혹 계약서 작성일에 본인 대신 대리인을 보내 계약을 진행하고자 하는 분들이 있다. 이런 경우에는 위임장 등의 서류를 지참한 대리인과 계약을 하면 된다.

다만 사전에 대리인이 계약을 진행한다는 언질 없이, 계약 당일 대리인을 사무소에 보내는 고객들도 가끔 있다. 이런 경우 상대편 고객이 당황할 수 있다. 그래서 공인중개사는 사무소에 내방할 사람이 계약 당사자인지, 아니면 대리인인지 미리 체크해야 한다.

대리인이 사무소에 내방하는 경우에는 '위임장과 발급된 지 3개월 미만인 인감증명서 원본, 인감증명서상의 인감(위임장을 작성해 오지 않는 경우), 대리인의 신분증'이 필요하다. 대리인을 보내 계약을 진행하고자 하는 고객에게는 이러한 준비물들을 안내해야 한다.

11. 법무사와 약속

매매 계약의 경우, 계약서 작성일 이전에 주로 거래하는 법무사에게 연락하여 매매 계약이 진행 중이라는 내용을 안내하고 계약서 작성일 혹은 잔금일에 계약서를 작성하는 공인중개사 사무소 (물건지 부동산)에 방문해줄 것을 요청한다. 법무사가 계약의 양 당사자 고객들에게 요청하는 서류 및 준비물은 대략 아래와 같다.

• 매도인 고객에게 요청하는 서류 및 준비물: 발급된 지 3개월 이내 매도용 인감증명서 1통, 발급된 지 3개월 이내 주소 변동이 포함된 주민등

록초본 1통, 등기권리증, 매도용 인감증명서상의 인감도장, 신분증

•매수인 고객에게 필요한 서류 및 준비물: 발급된 지 3개월 이내 주소 변동이 포함된 주민등록초본 1통, 신분증

12. 신분증 확인

계약서를 작성하는 날은 공인중개사, 부동산 소유주, 매수 혹은 임차를 희망하는 고객이 모두 한날한시에 만나는 날이다. 고객과 만나 인사를 하고 가장 먼저 해야 할 일은 계약 당사자들의 신분증을 확인하는 일이다. 대리인이 온다면 대리인의 신분증도 확인한다. 신분증 확인은 아래 방법으로 진행하면 된다.

• '주민등록증'의 진위 여부 확인: 1382에 전화
• '운전면허증' 진위 여부 확인: 도로교통공단 사이트

위 내용은 꼭 부동산 계약이 아니더라도 유용한 내용이니, 휴대전화에 위 내용을 저장해놓는 것을 추천하고 싶다. 특히 공인중개사라면 1382 전화번호를 휴대전화에 꼭 저장해두고, 위 도로교통공단 사이트를 스마트폰 혹은 아이패드 같은 곳에 즐겨찾기 기능을 이용해 저장해두기를 반드시 권하고 싶다.

계약 당사자 중 한쪽이 대리인을 보내는 경우 '(위임장 및) 인감증

명서 원본(발급된 지 3개월 이내), 그리고 인감증명서 상의 도장'을 확인해야 한다. 하지만 보통 대부분의 고객은 위임장 작성에 서툴기 때문에, 위임장을 생략하고 보통 '인감증명서 원본과 인감증명서 상의 인감, 그리고 대리인의 신분증'만 가지고 온다. 그리고 위임장 양식은 공인중개사 사무소에서 프린트해서 작성하고, 하단에 인감증명서 상의 인감을 날인하여 계약을 진행한다.

대리인이 계약을 진행하는 경우에는 계약서 작성일 전에 위에서 언급한 준비물들을 고객에게 안내할 필요가 있다. 그렇지 않으면, 고객들은 본인이 중요하다고 생각하거나 혹은 본인이 필요하다고 여기는 준비물들만 챙겨오기 때문이다.

예를 들면 대리인이 진행하는 계약임에도 인감증명서 원본 대신에 가족관계증명서를 가지고 온다거나, 계약 당사자의 인감증명서 상의 인감 대신 대리인의 도장을 가지고 온다거나, 인감증명서 사본을 가지고 온다거나, 발급받은 지 3개월 이상이 된 인감증명서 원본을 가지고 온다거나 하는 경우이다.

이러한 경우에는 공인중개사 사무소에서 위임장 양식을 프린트해서 만들어줄 수가 없다. 대리권이 없는 사람에게 위임장을 만들어줄 수는 없기 때문이다. 준비물들을 잘 챙겨왔다면 인감증명서 원본 비고란에 다음 내용을 (연필 말고) 볼펜으로 기재하는 것을 추천하고 싶다. 적절히 본인의 계약 상황에 맞게 변경해서 사용해도 좋다.

본 인감증명서 원본은 00시 00구 00동 000아파트 00동 000호의 매매/전

세/월세 계약 진행 용도의 인감증명서이며, 이외의 용도로는 사용을 인정하지 않음

그럴 일은 없겠지만 이 인감증명서가 다른 용도로 사용되는 것을 허락하지 않는다는 뜻을 인감증명서 원본에 기재한다면, 고객의 소중한 인감증명서가 조금 더 안전하고 유용하게 사용될 수 있기 때문이다.

13. 공제증서 안내 및 교부

계약과 관련된 맨 마지막 서류로 공제증서 한 부를 각각 계약의 당사자 양측에게 안내한 후, 교부해야 한다. 공동중개 계약의 경우에는 총 2부가 필요하다. 계약의 당사자에게 교부하기 위해서다.

공인중개사들이 고객에게 드리는 계약서 파일에 공제증서를 미리 꽂아두면 조금 더 편리할 수 있다. 그래서 우리 사무소에서는 모든 부동산 계약서 파일의 맨 마지막 장에 공제증서를 미리미리 꽂아둔다.

14. 나머지 계약금 전부 송금 및 계약 작성 완료 안내

계약서 작성 이후에는 계약금 전부가 부동산 소유주의 계좌로 이체될 수 있도록 고객에게 안내한다. 그리고 계약서 작성이 모두 끝났음을 계약 당사자들에게 알리고 고객과 인사를 하고 헤어진다.

계약서 작성이 모두 끝났음을 알리는 말은 "네, 이제 끝났습니다" 정도가 무난한 것 같다. 별것 아닌 듯해도 이 말을 안 하면, 고객들

은 계약서 작성이 모두 끝난 것을 모르고 무언가를 더 해야 하는 것은 아닌지 해서 계속 기다리고 있기 때문이다.

15. 중도금 혹은 잔금 입금 확인

중도금 입금일과 잔금 입금일을 챙겨서 일을 진행한다. 적어도 중도금 입금일과 잔금 입금일 아침에는 송금하는 고객과 통화를 하거나 문자 메시지를 보내 일정에 차질이 생기지 않도록 해야 한다.

문자를 보낸 뒤에는 고객의 문자 메시지 회신을 받아야 하며, 회신이 없는 경우 직접 고객과 통화한다.

16. 임대차 계약 관련 잔금 입금 확인 및 입주 절차

특히 실거주 계약의 경우 잔금 입금일은 통상 입주일과 동일한데, 잔금을 입금한 후 부동산 소유주에게 입금 확인을 요청한 뒤 입금이 완료되었다는 연락을 받고 나서 입주 이사를 진행하게 된다.

하지만 이러한 내용을 잘 모르는 고객들은 잔금을 입금하지 않은 채 입주 이사를 진행하려 하기도 한다. 물론 부동산 소유주에게 사전에 양해를 받는다면 가능은 하지만, 이러한 사전 언질 없이 잔금 입금을 하기 전에 입주 이사를 진행하려는 것은 계약 당사자 상호 간 신뢰에 대한 문제를 불러올 수 있다. 그러니 입주하는 고객에게는 통상적으로 잔금 입금 직후 입주 이사를 진행하게 될 것이라고 한 번 더 안내할 필요가 있다.

17. 계약 사후 처리

계약 이후에 처리해야 할 소소한 일이 있는데, 차차 소개하겠다.

18. 대표 공인중개사의 서명과 인감날인

마지막으로 이 모든 과정 중에 가장 중요하다고 볼 수 있는 계약서 및 중개대상물확인설명서 하단에는 '대표 공인중개사의 서명과 인감날인'이 들어간다.

아마 꼭 부동산 계약서가 아니더라도 세상의 어떠한 서류이건 그 서류에 본인의 서명과 인감도장을 찍는 일은 막중한 책임감이 따름을 뜻한다. 그런데 공인중개사는 내 개인 재산도 아닌, 타인의 재산에 대한 서류에 내 서명을 하고 내 인감을 찍는 일을 하는 사람이다.

그래서 공인중개사의 인감은 일반적인 인감보다 더 무거운 책임감을 필요로 한다. 실로 막중한 책임이기에, 공인중개사의 인장은 법적으로 나라에 등록하여야만 하며 부동산 중개에는 등록한 인장만을 사용할 수 있다.

하지만 몇몇 사람들은 공인중개사가 인감도장을 찍는다는 것이 무엇을 뜻하는지 제대로 잘 모르는 듯하다. 아무래도 일반인들은 일생을 살면서 부동산 계약을 해볼 기회가 공인중개사에 비하면 많지 않기 때문일 것이다. 그래서인지 몇몇 고객들은 부동산 계약과 관련하여 사소하거나 별일이 아닌 일에도 큰 걱정과 고민을 하기도 한다. 심지어 때때로 '혹여 무리한 계약인데도 공인중개사가 중개수수료를 받기 위해 진행하려는 건 아니겠지?' 등의 걱정을 하는 분들도 있는 것 같다. 그러나 공인중개사가 진행하는 계약은 안심하고 진행해도 된다고 말하고 싶다.

공인중개사는 본인의 목숨과도 같은 도장을 그렇게 아무 데나 찍어주는 사람이 아니다. 오히려 고객보다 계약에 대해 더 보수적인 사람들이 공인중개사라고 말할 수 있을 정도다. 세상에 매물은 많고, 고객 또한 많다. 자신의 자산도 아니고 타인의 자산을 다루기 때문에 무리한 계약은 절대로 하지 않는다.

또, 몇몇 사람들은 부동산 계약에 대해 '집 몇 번 보여주고 계약서를 프린트해서 도장 몇 군데 찍으면서, 왜 중개수수료가 그리 비싸지?'라고 단순하게 생각한다.

하지만 이것 역시 공인중개사 인감날인의 의미를 전혀 모르고 하는 말이다. 공인중개사는 해당 매물의 중개를 안전하고 매끄럽게 진행하지 못한 때에는 그에 대한 가장 큰 책임을 진다. 법적인 제재도 상당하다. 자칫 자격이 취소되고 범법자가 될 수도 있다. 자격이 취소가 된다는 것은 공인중개사에게 가장 큰 불명예이며, 그의 불명예는 곧 위법과 직결된다. 그렇기 때문에 오늘도 많은 공인중개사들은 확인에 확인을 거듭하며, 조심스럽게 계약을 진행하고 있다.

고객의 눈에는 집 구경 몇 번 시켜주고, 계약서에 도장 몇 군데 찍는 것이 공인중개사가 하는 일의 전부로 보일 수 있다. 하지만 공인중개사의 업무는 고객의 눈앞에서 하는 일보다, 고객이 직접 눈으로 보지 못하는 곳에서의 일이 더 많다.

고객을 모시고 계약서를 작성하는 자리를 마련하기 위해 그전에 처리하고 진행해야 할 꽤 많은 업무들이 있고, 때에 따라서는 지면으로는 열거할 수 없는 각종 관계자들과의 실랑이들, 돌발적으로 발생하는 변수에 대한 대처, 그리고 계약 사후 처리해야 할 일련의 과정들이 있다. 다만 이러한 일들에 대해 고객에게 시시콜콜 생색을 내는 것도 프로답지 못한 행동으로 비쳐질 수 있기 때문에, 대부분의 공인중개사들은 그저 묵묵히 자신의 일을 할 뿐이다.

　이러한 막중한 책임의 대가인 중개수수료는 대한민국의 어떠한 부동산 매물이든 매물 금액의 1%가 채 되지 않는다. 최대 0.9%이다. 결코 비싼 금액이라고는 할 수 없다. 이러한 비용을 아깝다고만 생각한다면, 공인중개사는 그리 열심히 일하지 않을 것이다.

공인중개사들의 공동중개

'공동중개'란 소속이 다른 공인중개사들이 계약을 체결하기 위해 협력하는 것을 말한다. 쉽게 표현해서 '콜라보레이션'이라고 보면 된다. 우선 공인중개사의 콜라보레이션에는 크게 두 가지 역할이 있다.

첫째, 고객을 모시고 오는 공인중개사, 즉 매수인 혹은 임차인에게 매물의 중개의뢰를 받는 공인중개사

둘째, 부동산 소유주(매도인 혹은 임대인)에게 매물의 중개의뢰를 받은 공인중개사(실무에서는 '물건지 부동산'이라고 부른다.)

구체적인 예를 들어보자.

'홍길동'이라는 고객이 A 공인중개사 사무소에 들러 모 아파트의 56평형 전세 매물이 있는지 물어본다.

→ 하지만 A 공인중개사 사무소는 해당 아파트의 56평형 전세 매물을 가지고 있지 않았다. 그래서 A 공인중개사 사무소는 해당 아파트의 56평형 전세 매물을 가지고 있는 타 공인중개사 사무소

가 있는지 알아보았다.

→ A 공인중개사 사무소는 B 공인중개사 사무소가 해당 전세 매물을 가지고 있다는 것을 알게 되었다. B 공인중개사 사무소에 연락을 해서, 내 고객이 그 매물을 찾고 있는데 혹시 그 매물을 보여줄 수 있는지 물어본다.

→ B 공인중개사 사무소는 A 공인중개사 사무소가 원하는 매물을 가지고 있으며, A 공인중개사 사무소의 고객인 '홍길동'에게 매물을 보여주겠다고 한다.

→ A 공인중개사 사무소는 B 공인중개사 사무소와 함께 해당 매물을 고객 '홍길동'에게 보여준다.

→ A 공인중개사 사무소의 고객 '홍길동'은 매물이 마음에 들어 계약을 체결하기로 한다.

→ A 공인중개사 사무소와 B 공인중개사 사무소는 A 공인중개사 사무소의 고객 '홍길동'과 B 공인중개사 사무소에 중개의뢰를 한 '부동산 소유주'가 계약서를 작성할 수 있도록 시간 약속을 잡는다.

→ 이후 홍길동과 부동산 소유주는 만나서 계약서를 작성한다. 이때 계약서 작성은 보통 B 공인중개사 사무소에서 진행하게 된다. 공동중개 시, 계약서의 작성은 부동산 소유주 측 공인중개사 사무소인 물건지 부동산 B 공인중개사 사무소에서 작성하는 것이 통상적인 일이다.

이러한 일련의 과정을 잘 모를 수 있는 몇몇 고객들은 '엥? 나는

A 공인중개사 사무소에 방문해서 부동산 매물들을 구경했는데, 왜 계약서 작성은 내가 방문한 A가 아닌 B 공인중개사 사무소에서 하는 거지?'라는 의문을 갖기도 한다. 하지만 전혀 걱정하지 않아도 된다. 공동중개의 경우, 물건지 부동산에서 계약서를 작성하는 것은 통상적으로 당연한 일이기 때문이다.

이러한 일련의 과정이 공동중개 계약이라고 할 수 있다. 그런데 이런 공동중개에는 '반드시 지켜야 할 몇 가지 철칙'이 있다. (올드하게 표현하자면 '상도덕'이라고도 표현할 수도 있을 것 같다.) 이 룰을 지키지 않으면 계약의 진행이 불가하고, 엄청난 파장을 불러일으킨다. 공인중개사가 되고자 하는 분이라면 필히 알아야 할 내용이다. 구체적인 내용은 다음과 같다.

1. 물건지 공인중개사는 고객에게 자신의 연락처가 있는 명함 등을 건네주어서는 안 된다.

2. 물건지 공인중개사는 고객의 연락처를 알아내려고 해서는 안 된다. 그리고 고객에게 연락이 필요한 때에는 고객을 모시고 온 공인중개사를 통하여 연락한다.

3. 고객을 모시고 온 공인중개사는 물건지 공인중개사의 고객인 부동산 소유주 및 그 매물의 현재 임차인에게 본인의 연락처가 있는 명함 등을 건네주어서는 안 된다.

4. 고객을 모시고 온 공인중개사는 물건지 공인중개사의 고객인 부동산 소유주 및 그 매물의 현재 임차인의 연락처를 알아내려고 해서는 안

된다. 그리고 부동산 소유주 및 그 매물의 현재 임차인에게 연락이 필요한 때에는 물건지 공인중개사를 통하여 연락한다.

5. 계약 체결이 완료되고 잔금을 치르기 전까지는 위 4가지 사항을 반드시 지킨다.

이러한 철칙을 어긴다는 것은 그 공인중개사 사무소의 고객을 빼앗겠다는 뜻이 되기 때문에, 공동중개 계약 시 필히 유념하고 있어야 한다.

실례로 예전에 한 번 이런 일이 있었다. 매매 계약관련해서 공동중개를 진행했던 건이었는데, 내가 고객을 모시고 가서 매물지 부동산과 공동중개 계약을 하는 경우였다. 그런데 해당 매물지 부동산의 대표 공인중개사라는 사람이 내 고객에게 매물에 대한 설명 외에도 끊임없이 본인 어필을 하며, 심지어 내 고객에게 본인의 명함을 주려고 하는 것이었다. 그 공인중개사는 나에게 대단한 실례를 저지른 것이다.

나는 웃는 낯으로 제지했지만, 그는 아랑곳하지 않고 내 고객에게 본인이 집필한 저서 및 방송 출연에 대해 끊임없이 설명하며 본인 이름을 검색해보라는 등 어필을 멈추지 않았다. 게다가 그가 내 고객에게 어필하는 내용의 98%는 허장성세여서, 듣고 있는 내가 더 낯 뜨거울 정도였다. 차마 고객 앞에서 화를 낼 수는 없었기에 적당히 웃고 있었지만, 그 무례함에 화가 엄청 많이 났었다. 그래도 나는 최대한 참을 수 있는 데까지는 참았다.

하지만 결국 계약서를 작성하면서 그의 허장성세는 파탄을 맞았다. 매매계약에 있어서, 특히 건축물에 대한 계약에 있어서 현 임차인의 만기일이 꽤 중요한데, 그 만기일을 착각해서 내 고객에게 잘못 설명한 것이었다. 내 고객은 해당 매물을 매수해서 실제 그 집에 거주를 해야 했는데, 실입주가 가능한 줄 알았지만 전혀 불가능했던 것이었다.

그렇게 계약은 계약금 입금 단계까지 갔다가 물거품이 되었고, 내 고객은 안타깝게도 시간낭비만 하고, 스트레스만 쌓여서 집으로 돌아갔다. 나 역시 고객에게 너무나 죄송했다.

나는 본격적으로 그 공인중개사에게 그동안 나에게 했던 무례에 대해 따져 물었다. 매물 브리핑 때부터 그에게 쌓여져갔던 분노가 멈추지 않았다. 그럼에도 뻔뻔하게 반성하는 기미가 없었다. 결국에는 그의 사과를 받아내긴 했지만, 내가 제일 경멸하는 인간 중 한 부류라고 할 수 있었다.

혹시, 공인중개사가 되고자 하는 분이 이 글을 보고 있다면 미래에 하게 될 공동중개계약을 위해 앞에서 말한 철칙을 반드시 기억하길 바란다. 이 철칙을 지키지 않는다면, 이 업계에서 엄청 큰 대가를 치르게 될 것이기 때문이다.

공인중개사가 해야 하는 공부

공인중개사 시험 합격자 중 일부는 그동안 받았던 스트레스에 대한 해방감에 더 이상 부동산 공부를 하지 않는 것 같다. 하지만 공인중개사는 계속적으로 공부를 해야 한다. 그렇다면 공인중개사는 어떤 공부를 해야 할까.

1. 뉴스
특히 부동산 정책 관련 뉴스들은 온 국민의 관심이 집중되는 사안이기 때문에 잘 챙겨봐야 한다. 아울러 이러한 부동산 관련 뉴스에 대해 어떤 여론이 형성되고 있는지도 잘 살펴야 한다. 또한 이러한 여론에 대해 '나는' 어떤 의견을 가져야 하는지도 생각해보아야 한다. 공인중개사는 고객 상담을 위해서라도 (어떠한 정책에 대해) 본인의 의견이 있어야 한다.

2. 판례
부동산 관련 법조항은 물론, 판례도 쉬지 않고 공부해야 한다. 특히, 최신 판례들에 대해 계속적으로 신경을 쓰고 있어야 한다. 일반적인 상식과는 조금은 거리가 있는 판례들에 대해서도 심도 깊게 공부해볼 필요가 있다.

3. 신문 및 주간지

적어도 신문 혹은 주간지 중 한 가지는 구독하기를 추천한다. 신문의 경우 보수 언론과 진보 언론 각각 한 가지씩은 구독하는 것이 좋다. 어느 한쪽만의 의견만 보다 보면 사고가 경직될 수 있다. 공인중개사의 사고는 고객의 투자에 꽤 많은 영향을 미치기 때문이다. 경제 주간지도 추천하는데, 이러한 경제 주간지는 부동산뿐만 아니라, 재테크의 양대 산맥 중 하나인 증권 쪽 이야기도 꽤 집중적으로 다루고 있어서 시야를 넓힐 수 있도록 도움을 준다.

4. 부동산 관련 강의

공인중개사는 다른 어떠한 부동산 관련 전문 자격사보다, 부동산에 대해 더 많은 것을 정확히 아는, 국가가 인정한 부동산 공인 전문가라 할 수 있다. 하지만 이에 만족해서는 안 된다. 겸손한 자세로 내게 부족한 부분은 없는지 성찰해야 한다. 이러한 성찰을 도와주는 것이 부동산 관련 강의가 아닌가 싶다. 부동산 관련 강의는 기존에 배운 이론 지식을 복습하고, 새로운 지식을 계속적으로 업데이트해 배울 수 있는 좋은 기회가 되어준다.

5. 부동산 관련 서적

서점에는 부동산 관련 서적들이 정말 많다. 매우 다양한 사람들이 부동산에 대해 책으로 이야기하고 있는데, 내가 몰랐던 부분을 발견하게 하는 책이 가장 좋은 책인 것 같다. 부동산 관련 서적은 가능한 한 많이 읽으면 읽을수록 나를 더욱 발전하게 한다.

6. 고객과의 대화

고객과의 대화도 많은 공부가 된다. 많은 고객을 상대할수록 더 많은 공부가 된다. 고객과의 대화는 꼭 부동산 말고도 여러 가지 주제가 있는데, 그중 고객의 사업 성공 스토리를 듣는 일은 유익하고 재미있는 일이다. 고객의 이러한 성공담은 사업을 할 때 도움이 꽤 많이 된다. 직접적인 도움이 안 되더라도, 적어도 좋은 영감을 얻을 수 있어서 우리 사무소의 발전에도 긍정적인 부분이 많다. 관록이 있는 공인중개사라 함은 고객과 더 많은 대화를 해본 사람이라 할 수 있겠다.

7. 자기계발서

공인중개사라고 해서 부동산만 공부한다고 생각하면 오산이다. 생각의 틀을 넓혀주는 각종 자기계발서도 많이 읽어야 한다. 성장은 지식에 있지 않고, 그 사람이 하는 생각에 있다. 지식은 두 번째이다.

8. 외국어 공부

특히 외국인을 많이 상대하는 공인중개사들은 외국어 공부도 열심히 한다. 한국공인중개사협회에도 외국인을 상대하는 공인중개사들을 위한 부동산 외국어 공부 과정이 있는 것으로 알고 있다.

위에서 언급한 내용 말고도 각각의 공인중개사들마다 힘써서 공부하는 것들이 따로 더 있을 것이다. 그런데 사실, 이러한 공부들은 딱히 바로 티가 나지 않기 때문에 이따금씩 나태해질 수 있다. 게다가 이러한 노력들은 고객 앞에서 하는 업무가 아니기 때문에, 고객들은 공인중개사가 이러한 노력을 하는 것을 전혀 알 수도 없다.

그렇다고 푸념할 필요는 없다. 보이지 않는 곳에서의 노력은 고객으로부터 받는 중개수수료 안에 포함되어 돌아올 것이기 때문이다.

Part
3

공인중개사
사무소
현업 이야기

공인중개사가 노후대비용이라고요?

많은 분들이 공인중개사가 되기 위해 오늘도 열공에 열공 중이다. 그들이 이렇게 열심히 공부하는 목적이 무엇인지 물어보면 아래와 같은 대답을 하는 경우가 많다.

"재테크하는 데 도움이 될 것 같고, 공인중개사로서 활동도 할 수 있고, 또 나중에 노후 대비용으로도 좋을 것 같아서요."

물론 공인중개사 자격증 공부는 부동산 재테크를 하는 데 있어서는 꽤 도움이 된다. 공인중개사 자격증 취득을 위한 수험생활은 부동산 재테크의 전반적인 기초를 FM적으로 닦을 수 있는 소중한 기회가 될 것이다. 하지만 '공인중개사 자격증=노후 대비용'이라는 표현은 현업 공인중개사로서 조금 염려스럽다.

그들이 말하는 '노후 대비'의 본질적인 뜻은 무엇일까. 아마 '노령이 되어도 퇴직 없이 내 공인중개사 사무소를 운영하며(현직 공인중개사로서 활동하며) 수익을 얻는다'는 의미일 것이다.

사실, 옛날에는 부동산 중개 사무소 하면 '할아버지 중개인이 운영하는 부동산 중개 사무소'라는 이미지가 꽤 강했다. 이전의 부동산 중개 사무소는 젊은 사람들이 하는 업종도 아니었고, 더욱이 여성이 직업으로 갖는 업종도 아니었다. 대부분 남자들이 직업으로 갖는 업종이었고, 부동산 중개 사무소 역시 주로 연령대가 높은 남성들이 많이 운영했다.

이러한 인식 때문에 '노후 대비'라는 차원에서 공인중개사 수험공부를 접근하는 분들이 있는 듯하다. 그러나 요즘은 상황이 달라졌다. 여성 공인중개사들도 상당히 많아졌고, 예전과 달리 젊은 사람들도 꽤 많이 진출했다.

부동산 중개라는 업은 움직임도 많고, 상당한 에너지를 필요로 하는 활동적인 직업이다. 그래서 노령의 분들이 하기에 상당히 힘에 부친다. 젊은 사람들과 경쟁하며, 노령의 나이로 현장에서 고객과 상담하며 필드를 뛰어다니는 데에는 한계가 있을 수 있다.

실질적으로 노령의 공인중개사들은 필드에서 직접 현장을 진두지휘하기보다는, 직원을 관리하여 수입을 창출하고 있다. 하지만 그것은 젊은 날에 어느 정도 현업 공인중개사로서 기반을 닦아놓은 사람에만 해당한다. 공인중개사 자격증만 있을 뿐이지, 현업 공인중개사로서의 업무를 전혀 해보지 않은 사람이 노후에 공인중개사 사무소를 운영해서 수입을 창출하기엔 적지 않은 어려움이 있을 수 있다. 현업에 대한 실무경험이 없기 때문이다.

그러다 보니 젊은 직원들을 통솔하는 데에도 꽤 어려움이 있을 수밖에 없다. 내가 그 업계에 대해 어느 정도 알고 나서 직원을 써야 하는데, 전혀 아는 바가 없는 상태에서 직원을 쓴다면 직원에게 휘둘릴 수가 있다. 특히 직원이 현업의 베테랑인 경우가 더욱 그러하다.

그래서 장롱면허로 공인중개사 자격증을 방치하고 있다가, 어느 날 갑자기 공인중개사 사무소를 차려서 노후 대비를 하겠다는 발상은 조금은 신중할 필요가 있다. 즉 '공인중개사 자격증 취득=노후 대비'라는 공식이 성립하려면, 우선 현장 경험을 어느 정도 갖추고 난 다음에야 가능하다는 것을 알아둘 필요가 있다.

02
계약서를 다 읽어라

　제2조〔존속기간〕임대인은 이 부동산을 임대차 목적대로 사용할 수 있는 상태로 0000년 00월 00일까지 임차인에게 인도하며, 임대차기간은 0000년 00월 00일(00개월)까지로 한다.

　제3조〔용도변경 및 전대 등〕임차인은 임대인의 동의 없이 위 부동산의 용도나 구조를 변경하거나 전대, 임차권 양도 또는 담보제공을 하지 못하며, 임대차 목적 이외의 용도로 사용할 수 없다.

　제4조〔계약의 해지〕임차인의 차임 연체액이 00기의 차임 액에 달하거나, 제3조를 위반하였을 때 임대인은 즉시 본 계약을 해지할 수 있다.

　제5조〔계약의 종료〕임대차계약이 종료된 경우에 임차인은 위 부동산을 원상으로 회복하여 임대인에게 반환한다. 이러한 경우 임대인은 보증금을 임차인에게 반환하고, 연체 임대료 또는 손해배상금이 있을 때는 이들을 제하고 그 잔액을 반환한다.

　제6조〔계약의 해제〕임차인이 임대인에게 중도금(중도금이 없을 때는 잔금)을 지불하기 전까지, 임대인은 계약금의 배액을 상환 하고, 임차인은 계약금을 포기하고 이 계약을 해제할 수 있다.

제7조 [채무불이행과 손해배상의 예정] 임대인 또는 임차인이 본 계약상의 내용에 대하여 불이행이 있을 경우 그 상대방은 불이행한 자에 대하여 서면으로 최고하고 계약을 해제할 수 있다. 이 경우 계약 당사자는 계약해제에 따른 손해배상을 각각 상대방에게 청구할 수 있으며, 손해배상에 대하여 별도의 약정이 없는 한 계약금을 손해배상의 기준으로 본다.

제8조 [중개보수] 개업공인중개사는 임대인과 임차인이 본 계약을 불이행함으로 인한 책임을 지지 않는다. 또한 중개보수는 본 계약체결과 동시에 계약 당사자 쌍방이 각각 지불하며, 개업공인중개사의 고의나 과실 없이 본 계약이 무효, 취소 또는 해약되어도 중개보수는 지급한다. 공동중개인 경우에 임대인과 임차인은 자신이 중개 의뢰한 개업공인중개사에게 각각 중개보수를 지급한다.

제9조 [중개대상물확인설명서 교부 등] 개업공인중개사는 중개대상물확인설명서를 작성하고 업무보증관계증서(공제증서 등) 사본을 첨부하여 계약체결과 동시에 거래당사자 쌍방에게 교부한다.

이 글은 공인중개사라면 다 알고 있는 임대차 계약서 내용 중 한 부분이다.

매매 계약서에서도 제2조~제9조에 해당하는 내용이 있지만, 임대차 계약서상의 내용과는 약간 다른 내용이 기재되어 있다.

사실 임대차 계약서든, 매매 계약서든 계약서상의 제2조~제9조는 실로 매우 당연한 내용들이다. 그러다 보니 공인중개사들은 고객들도 이미 이 내용들을 모두 알고 있을 것이라고 생각한다. 그래서 몇

몇 공인중개사들은 고객과 마주 앉아 계약서를 작성하는 날, 고객들에게 계약 기간이 기재되어 있는 제2조를 제외한 제3조부터 제9조에 대한 설명을 종종 간략히 언급하거나 생략하기도 한다.

하지만 제2조에서 제9조까지의 내용 전부를 고객에게 읽어드리길 권하고 싶다. 사실 고객들은 부동산 계약서를 공인중개사만큼 자주 접하는 사람들은 아니다. 인생을 통틀어 본다고 해도, 일반인들이 부동산 계약서를 손으로 만져보고 눈으로 들여다보는 시간은 몇 시간 되지 않을 것이다. 그만큼 부동산 계약서는 일반인들, 즉 고객들에게 늘 낯선 서류라고 할 수 있다. (물론 임대사업자의 경우는 예외다. 이들은 이러한 부동산 계약서를 꽤 많이 접해본 사람들이다.)

매번 계약을 할 때마다 느끼지만, 고객들은 부동산 계약서 작성하는 날 약간 긴장된 상태이다. 이때 공인중개사가 (고객의 눈을 잠깐씩 마주쳐가며) 차분한 목소리로 계약서의 내용을 빠짐없이 꼼꼼히 읽고 설명하는 모습을 보여준다면, 고객들은 이미 다 알고 있는 내용일지라도 공인중개사에 대해 다시 한 번 신뢰감을 느끼게 된다. 그리고 이러한 고객의 신뢰감은 곧 공인중개사의 보수로 이어진다.

바빠서 혹은 뻔한 내용이라고 생각해서 계약서 내용에 대한 설명을 지나치게 많이 생략하게 된다면, 그만큼 고객이 우리에게 느낄 신뢰감 또한 낮아질 것이다.

03
공인중개사가 돈을 버는 방법

I could always do with the money.(난 늘 돈이 필요해요.)

최근에 본 드라마에서 들은 주인공의 대사다. 사실 드라마나 영화 같은 엔터테인먼트 분야는 시청하는 사람 입장에서는 그다지 돈이 되는 시간은 아니다. 오히려 '엔터테인먼트 분야에서 일하는 사람들이 돈 버는 시간을 구경하는 시간'이라고 표현하는 편이 더 알맞을 것이다. 그럼에도 많은 사람들은 일상의 고단함을 씻어내기 위해, 드라마나 영화 등으로 리프레시를 한다. (공인중개사는 이러한 곳에 쏟는 시간이 많아서는 곤란하다. 고객에게 쏟을 정성의 시간이 줄어들 수 있기 때문이다.)

늘 돈이 필요하다는 드라마 주인공처럼 대다수의 사람들도 항상 돈이 필요하다. 동서고금을 막론하고 사람들이 가장 많이 하는 고민은 '돈을 어떻게 하면 많이 벌 수 있을까'가 아닐까 싶다. 하지만 이러한 고민을 하고 실상 여러 가지 아이디어가 떠오른다고 해도 실천을 하지 않기 때문에, 고민 수준에서 멈추는 경우가 많다.

공인중개사로서 돈을 벌고 싶은 사람들도 이러한 고민을 하기 마련이다. 공인중개사가 돈을 버는 방법에는 우선 '중개수수료'가 있다. 하지만 직접적인 투자를 해야 돈다운 돈을 벌 수 있다. 아무리 큰 계약을 중개한다고 하더라도, 부동산에 직접적으로 투자하는 사람들의 소득에 비하면 중개수수료는 아주 적은 금액이다. 부동산으로 진짜 돈을 벌고 싶다면 단지 중개수수료 벌이에만 목매서는 안 된다.

하지만 한동안은 중개수수료에 의지해서 소득을 발생시켜야 하는 시기가 분명히 존재한다. 그렇다면 이런 시기에 그래도 약간의 재미를 느끼며 돈을 벌기 위해서는 어떻게 해야 할까.

첫째, 돈을 써야 돈을 번다. 돈을 안 쓰고 노동력만 제공해서는 돈다운 돈을 벌기 어렵다. (근로소득은 사실 '돈'이라고 표현하기는 어려운 경우가 많다.) 소속 공인중개사가 목표라면 필요 없는 내용일 수 있겠지만, 개업 공인중개사(대표 공인중개사)가 되기 위해서는 이 사실을 알아야 한다. 내 주머니에서 우선 먼저 돈이 나가야 돈이 들어온다. 돈이 돈을 번다는 개념과 일맥상통한 것이다.

둘째, 위험을 감수해야 한다. 어느 사업이든 위험을 감수해야겠지만, 이 직업은 타인의 재산 거래에 대해 내 인감도장을 날인해야 한다. 그렇기 때문에 확인에 확인을 재차 해가며 조심스럽게 접근하고 진행해야 한다. 다른 직업들의 사명감과는 근본적으로 다른 직업임을 인지하고, 자부심을 가지고 일해야 함을 한순간도 잊지 말아야 한다.

셋째, 부동산 지식이 있어야 한다. 특히 실전 지식이 필요하다. 공인중개사 수험 서적에서 얻은 지식만으로는 한계가 있다. 직접 사람과 사람이 만나서 이루어지는 부동산에 대한 실전 지식을 갖춰야 한다. 부담스럽게 느낄 수 있지만, 이것은 세월이 가면 조금씩 내 안에 내공으로 갖춰질 것이니 걱정할 사항은 아니다.

덧붙이자면 판단력이 있어야 한다. 선배의 말이라고 해서, 대표 공인중개사의 말이라고 해서 응당 그러할 것이라고 단순하게 생각하지 말라고 권하고 싶다. 다루는 매물의 금액 크기가 클수록, 항상 명석한 판단력을 유지해야 한다. 그렇지 않으면 꽤 많은 유혹을 느끼게 될 직업이다.

넷째, 좋은 고객을 많이 만나야 돈을 번다. 너무 가난하거나 너무 인색한 고객만 만나서는 정당한 대가를 요구한다 하더라도 돈을 벌기 힘들다. 곳간에서 인심이 난다는 말은 예나 지금이나 항상 유효하다. 거래 금액이 큰 곳에서 둥지를 틀어야 돈을 번다.

다섯째, 운이 따라줘야 한다. 세상사는 '노력하면, 성실하면, 열심히 하면' 다 된다는 식으로 말하는 사람들이 더러 있는데, 전혀 그렇지 않다. 뭉칫돈의 세계에서는 노력이니, 성실이니, 열심히 하는 것들은 그야말로 기본에 불과하다. 당연히 해야 하는 것들이다. 아마 사업을 작게라도 해본 분들은 이해를 할 수 있을 것이다. 큰돈은 반드시 운이 따라줘야 벌 수 있다.

운이야 자의로 어쩔 수 없다지만, 나머지 내용은 사람의 의지로 어느 정도 진행할 수 있는 것들이다. 더 큰돈을 벌기 위해서는 좀 더 필요한 것들이 있지만, 적어도 중개수수료를 통한 벌이에는 앞의 5가지가 따라줘야 한다.

04
고객은 의외로 '걱정쟁이'다

현업 공인중개사로서 업무를 보다 보면 많은 일들을 경험하게 된다. 수억의 돈이 왔다 갔다 하는 현장에서 일을 하기 때문에 피곤한 일들도 꽤 있고, 또 일을 성공적으로 마치고 고객의 감사인사를 받을 때면 뿌듯함과 행복도 많이 느낀다.

공인중개사는 고객과 늘 함께한다는 생각이 든다. 고객은 우리와 한 팀이기도 하고, 파트너이기도 하고, 협력사이기도 하고, 귀중한 고객이기도 하다. 그래서 이번에는 소중한 '고객'에 대한 이야기를 해보려 한다.

공인중개사의 주요 고객은 크게는 매도인 혹은 매수인, 임대인 혹은 임차인으로 구분지어볼 수 있다. 물론 그 외에 우리가 협조를 구해야 하는 고객들까지 생각한다면 고객의 범위는 더 넓어지지만, 주요 고객으로 크게 구분한다면 매도인/매수인/임대인/임차인 정도로 볼 수 있다.

첫째, 매도인 고객이라면 내 소유의 부동산이 좋은 금액에 빨리 팔리기를 기다리는 한편, 또 내가 너무 시세보다 저렴한 금액에 부동산을 매도하게 되는 것은 아닌지, 또 너무 시세보다 높은 금액을 불러 금방 매도가 이루어지지 않는 것인지, 또 앞으로 부동산 경기가 활황일 수도 있는데 그전에 부동산을 매도해버리는 것은 아닌지 등의 걱정을 한다.

둘째, 매수인 고객도 마찬가지이다. 특히 부동산 거래에 대한 경험이 많지 않은 경우 더욱 걱정이 많다. 어쩌면 매도인 고객보다 더 많은 고민에 휩싸일 수도 있다. 내 나름대로 확신이 있어 매수를 진행하긴 하지만 과연 내가 이 매물을 잘 사는 것인지, 내가 이 매물을 매수하고 나서 나중에 되팔 때 많은 양도 차익을 얻을 수 있는지, 혹여 너무 시장이 활황인데 상투를 잡고 매수를 하는 것은 아닌지 등의 걱정을 한다.

셋째, 임대인 고객에게도 걱정이 있다. 물론 매도 매수 계약 정도의 걱정은 아니지만, 임대차 계약 시에 제대로 된 임차인을 만날 수 있을지, 혹여 마음에 맞지 않는 임차인을 만나게 되는 것은 아닌지, 임대차 계약만기가 가까워질수록 기존 임차인이 만기를 채우고 퇴실 할는지, 다시 임차인을 구해야 하는지 등의 걱정이 있다.

넷째, 임차인 고객도 나름의 걱정이 있다. 혹여 TV 법률 상담 프로그램에서나 볼 법한 무서운 임대인을 만나게 되는 것은 아닌지, 대출이 많이 있는 집에 들어가 임차계약을 하게 되는 것은 아닌지, 물은 잘 나오는 집인지 등의 걱정을 한다.

현업 공인중개사라면 이들의 걱정을 보듬을 수 있어야 한다. 그리고 이들의 고민을 보듬을 수 있는 방법 중 가장 확실한 한 방법은 그들에게 신뢰를 주는 것이다.

사실 고객이 생각하는 중개업자라는 직업은 뭔가 은밀하고 또 조금은 무서운 이미지가 있는 듯하다. 아마도 예전 우리나라 고도 성장기 때의 부동산 투기가 성행했던 시절이 떠올라서일 것이다. (사실 요즘은 그럴 수도 없는 환경임에도 말이다.)

특히 부동산 계약에 대한 경험이 없는 고객일수록, 막연히 '내가 부동산 법도 잘 모르고, 불합리한 계약을 하게 되면 어떡하지?' 등의 걱정을 한다. 아마도 대부분의 공인중개사들이 공감하겠지만, 나 역시 고객들의 얼굴에 쓰여 있는 이러한 고민들을 읽을 수 있다.

사실 고객의 걱정은 이해할 만하다. 부동산에 관한 일이라는 게, 고객 입장에서 보면 딱히 그렇게 익숙할 만큼 자주 있는 일도 아니고, 그것도 생전 처음 보는 사람을 통해 부동산을 주제로 서로 돈 이야기를 나누고, 입금을 하거나 송금을 받는 일이니 말이다.

그래서 나는 고객들이 우리 사무소를 신뢰할 수 있도록 최대한 많은 노력을 기울인다. 고객으로부터 '아, 이 사람은 내 편에 서줄 사람이야. 이 사람은 믿을 만해. 이 사람은 이러이러한 이력이 있구나. 이 사람은 몇 회 때 공인중개사 자격증을 땄구나' 등의 생각을 하게끔 하는 것이다.

이런 연유로 우리 사무소는 공인중개사 자격증, 중개사무소 개

설등록증, 사업자등록증, 공제증서, 수료증 등의 서류를 고객이 앉는 의자 바로 옆 탁자 위에 비치해둔다. 아무리 시력이 나쁜 고객이라도 의자에 앉자마자 탁자 옆에 있는 서류들을 찬찬히 읽을 수 있다. 사소한 일이지만 고객이 이러한 서류들을 가까운 거리에서 자세하게 읽을 수 있도록 비치함으로써, 우리 사무소를 좀 더 신뢰하게 한다.

고객과 상담할 때의 눈빛도 최대한 온화하게 내보이고, 절제된 어투로 고객과 대화한다. 어찌 됐든 나는 고객에게 아직 낯선 사람이기 때문에 고객에게 진중한 모습을 보일 필요가 있다. 이런 이유로 계약서, 중개대상물확인설명서 등의 서류도 타 사무소보다 길게 찬찬히 다 읽어주는 편이다. 조금이라도 고객에게 신뢰를 줄 수 있다면, 이러한 긴 브리핑 이후 목이 쉬는 것도 감내할 만하다.

만약 후배 공인중개사들이 이 글을 보고 있다면, 이렇게 말해주고 싶다.

고객에 신뢰를 제공하라. 고객은 의외로 '걱정쟁이'다. 그리고 우리는 이러한 걱정을 잘 보듬어줄 의무가 있는 사람들이다. 고객의 신뢰는 우리 사업의 성장과 정비례한다.

소공이냐 개공이냐, 그것이 문제로다

오늘도 많은 분들이 공인중개사 자격증 수험 공부를 위해, 구슬땀을 흘려가며 공부에 매진 중이다. 그리고 이 지긋지긋한 공인중개사 자격증 공부가 끝난 뒤, 눈앞에 펼쳐질 공인중개사의 삶은 어떠할까 궁금해한다.

경제가 어려워 공인중개사 사무소 폐업도 많다던데 돈을 많이 벌 수 있을지, 소속 공인중개사부터 해야 할지, 소속 공인중개사부터 한다면 어떤 업무를 해야 하는지, 아니면 바로 개업 공인중개사를 하면 좋을지, 개업 공인중개사를 바로 하자니 실무 능력이 없는 것 같은데 괜찮을지, 아니면 동업을 해야 할지 등등 궁금한 것들이 한 보따리일 것이다.

우선 '소공이냐 개공이냐'에 대해서는 이 일을 처음 시작하는 사람이라면, 일단은 소속 공인중개사로 활동하기를 권한다. 물론 나이가 너무 많은 경우에는 소속 공인중개사로 활동하기가 어려울 수도 있다. 어느 공인중개사 사무소든, 기존 직원들보다 심하게 나이가 많은 직원을 뽑는다는 것은 부담스러울 수 있기 때문이다. 하지만 이러한 경우가 아니라면, 가능하면 소공으로 활동하면서 실무를 배운 다음 개업하는 것이 좋다.

하지만 소공으로 활동한다 해도 선배들이 친절하게 노하우를 차근차근 가르쳐줄 것이라는 환상은 가지지 않는 것이 좋다. 어느 업계든 약육강식이 지배하는 정글이고, 이는 우리 업계도 마찬가지다. 게다가 월급 없이 성과제로 일하는 사람들이 대부분이다. 그런 그들이 자신들의 생계수단인, 그것도 하루 이틀 고생해서 배운 것도 아닌, 오랜 시간 고생하면서 알게 된 노하우를 친절히 알려줄까. 전혀 그렇지 않다. 그런 건 애당초 기대하지 않는 게 좋다.

어느 업종이든 처음에는 눈칫밥 먹으며 시작한다. 때로 구박도 받을 것이다. 나보다 더 똑똑한 고객을 보며 부족함을 느끼는 날도 있을 것이다. 하지만 이런 것들 모두 진짜 공인중개사가 되기 위해 견뎌내야 하는 일들이다.

소공으로 활동하면서, 중개보조원들에게도 많이 배우게 될 것이다. 실무는 신참내기 공인중개사보다 기존 중개보조원들이 더 많이 알 수도 있기 때문이다. 그러니 기존 중개보조원과 근무하며, 본인이 공인중개사 자격증이 있다고 해서 목에 힘을 주며 그들을 무시하는 태도를 보이는 것은 바람직하지 않다. 그들의 실무 능력을 존중하며 배워야 한다.

하지만 그들이 가진 부동산 지식을 무조건적으로 흡수하는 것은 경계해야 한다. 왜냐하면 그들은 정식으로 부동산에 대한 공부를 해서 자격증을 취득한 이력이 없기 때문에, 몇몇 지식에 대해서는 '잘못된 부동산 지식 혹은 습관'을 가지고 있는 경우가 있다. 이러한 것들을 그대로 흡수해서는 안 된다. 공인중개사로서의 내 판단력을 가지고, 확인을 해가며 실무 지식을 습득해 나가길 권하고 싶다.

그리고 차근히 개공을 준비해야 한다. 어느 직종이든 결국 사장이 되어야 내 진짜 목소리를 낼 수 있기 때문이다. 물론 직원 생활을 하면서도 많은 역량을 발휘해야겠지만, 나의 진짜 이상을 실현하기 위해서는 단연 사장이 되는 방법밖에는 없다.

직원인 공인중개사는 아무리 성과제로 근무한다고 해도 사장의 지휘를 받는 위치이기 때문에, 대표 공인중개사의 영향을 받게 될 수밖에 없다. 내가 아무리 좋은 아이디어를 가지고 있다고 해도, 그것을 실천하는 데 있어 대표 공인중개사가 반대한다면 무용지물이 되기 때문이다.

또한 고객의 시선도 다르다. 고객은 '직원 공인중개사의 말'과 '대표 공인중개사의 말'의 무게를 다르게 받아들인다. 그리고 굳이 설명을 하지 않아도 누가 대표 공인중개사인지를 알아보며, 직원 공인중개사보다 대표 공인중개사를 조금 더 신뢰하고 존중한다.

수입 면에서도 직원 생활을 하는 것보다는 대표 공인중개사로서의 생활이 낫다. 더 많은 리스크는 지겠지만 직원 생활에 비해 보상은 더 크다. 리스크를 감당하는 사람이 더 많은 이익을 가져가기 때문이다.

06
공손함이 이윤을 만든다

나는 맨 처음 이 업계에 들어와서 꽤 많은 충격을 받았다. 한번은 공동중개를 위해 타 공인중개사 사무소 직원이 우리 사무소를 방문했는데, 슬리퍼를 신고 온 것이었다. 게다가 그 직원은 질경질경 껌까지 씹으며 나에게 인사를 했다.

그 직원은 소속 공인중개사는 아니었고, 원룸이나 오피스텔 같은 작은 매물을 담당하는 중개보조원이었다. 그날 잠깐이었지만 '내가 이런 사람과 일하려고 그렇게 열심히 공인중개사 공부를 했나' 싶을 정도로 자괴감이 들었다.

그 외에도 말투가 너무 사기꾼 같거나, 무례하기 짝이 없는 사람들을 종종 보았다. 물론 어느 업계나 업계의 이미지를 흐리는 사람들이 있기 마련이다. 안타까웠던 것은 그런 무례한 사람 밑에서 일하는 직원들이었다. 직원들은 그런 무례한 사람들의 말투와 행동을 따라 배우고 있었다.

하지만 무례한 말투와 행동거지는 그 공인중개사 사무소의 이미지는 물론이고 성장에도 백해무익하다. 감히 말하지만 사람의 말투나 행동거지가 천박하면, 고객은 그 사람에게 비용을 지불하는 데 인색해진다. 즉 우리의 이윤이 줄어들 수 있다는 말이다.

그렇다면 '이윤을 만드는 공손한 말들'은 무엇이 있을까. 대표적으로 9가지를 꼽아볼 수 있다.

1. 부탁드려요.

2. 감사합니다.

3. 덕분에

4. ~해도 괜찮을까요?

5. ~인데 괜찮으실까요?

6. ~해주실 수 있으실까요?

7. 편하신 때에, ~부탁드려요.

8. ~셔요.

9. ~ (어미에 물결무늬 사용)

이와 같은 말투들 모두 고객에게 좋은 인상을 남길 수 있는 예의 바른 표현이며, 고객으로부터 긍정적인 대답을 이끌어낼 수 있다. '부탁드립니다' '덕분에' '감사합니다' 이 세 단어만 잘 기억하고 자주 사용해도 공손함을 표시하는 데 있어서는 부족함이 없다.

특히 '~해도 괜찮을까요?' '~인데 괜찮으실까요?' '~해주실 수 있으실까요?' '편하신 때에, ~부탁드려요' '~셔요' 이 말들은 고객에게 무언가 요청할 때 유용한 표현이다. 우리는 때때로 고객에게 무언가 요청하는 경우가 있다. 이때 혹여 고객이 우리가 본인에게 지시한다는 느낌이 들지 않도록 정중히 요청할 필요가 있다. 고객들도 이런 말투라면 흔쾌히 '오케이!'를 외친다.

물론 '편하신 때에'라는 표현은 정말 급한 상황에서는 사용하지 않기를 바란다. 정말 고객이 '본인이 편한 때'에 행동하게 되어, 일이 지체되는 경우가 있기 때문이다. 빠른 행동을 요구하는 때에는 사용하지 않는 게 좋다.

그리고 '~셔요'라는 표현은 꽤 여성적인 느낌이 나는 말투라고 생각할 수 있지만, 실무에서는 남자 공인중개사들도 더러 사용한다. 어투 자체가 부드러운 감이 있어서, 어떤 사람이 듣더라도 기분 나쁘지 않고 긍정적으로 들리기 때문이다. '~웅', '넵', '넹' 이런 말투의 사용은 권하고 싶지 않다. 특히 문자 메세지에서 말이다. 너무 가벼워 보이고, 자칫 비굴해 보일 수 있기 때문이다. 또한 권위적인 고객에게 무시당하기 좋은 말투가 될 수 있다. '크크크', '흐흐흐'도 마찬가지다. 아무리 편한 고객이라도 친구에게나 할 법한 편한 어투는 분명 경계해야 한다. 친근감을 나타내고자 한다면, 어미에 차라리 물결무늬 '~'를 사용하는 편이 낫다.

고객은 우리의 친구가 아니다. 가족도 아니다. 우리와 고객은 '고객이 원하는 업무를 우리가 제공하고, 고객은 우리에게 그에 해당하는 금액을 지불하는 관계'이다. 이 점을 꼭 기억해야 한다. 그렇기 때문에 더 정중하게, 더 신중하게 고객을 대할 필요가 있다.

07
아무하고나 손잡지 마라

지루하고 피곤했던 공인중개사 수험생활을 끝내고, 가을이 되면 수험생들은 시험장 문턱을 밟게 된다. 그리고 초겨울쯤에는 시험장에 쏟아부었던 노력에 대한 보답으로, 공인중개사 자격증을 받게 된다. 드디어 꿈에 그리던 공인중개사라는 타이틀을 가지게 되는 것이다. (물론 안타깝게도 모두에게 허락되는 타이틀은 아니지만 말이다.)

그리고 대부분의 공인중개사들은 이때쯤, 꼭 면접을 보지 않더라도 어디선가 동업을 하자는 식의 제안을 받거나 같이 일하자는 연락을 받게 된다.

그러나 동업은 추천하고 싶지 않다. 물론 동업으로 사업을 잘 영위하는 분들도 더러 보아왔다. 하지만 그렇지 않은 경우를 훨씬 더 많이 봐왔기 때문에, 동업은 그다지 추천해주고 싶지 않다. 기본적으로 사람은 저마다 생각이 다 다르고, 셈이 다 다르기 때문이다.

동업을 추천하지 않는 이유에 대해서는 크게 두 가지 상황을 들어 이유를 설명할 수 있을 것 같다.

첫째, '열심히 일하는 정도'의 관점에서 보았을 때, '정말로 사력을 다해 열심히 일하는 사람 vs 그렇지 않은 사람'이 생긴다. 동업의 특성상 둘 중 한 사람은 꼭 덜 열심히 하고, 나머지 한 사람은 죽을 각오로 열심을 다해 일을 하게 되어 있다. 그리고 열심히 일을 하는 사람은 부처님 반 토막(?)이 아닌 이상, 덜 열심히 하는 사람이 매일 놀기만 하는 것 같아 늘 밉기 마련이다.

이는 덜 열심히 하는 사람의 입장에서도 마찬가지이다. 자기 딴에는 한다고 하는데, 단지 역량이 부족할 뿐인데, 열심히 일하는 사람에 비해 뭔가 열등감도 생기고, 또 괜히 주눅이 들기도 하고, 짜증이 나기도 하고, 심지어 밑진다는 생각이 들기까지 한다.

둘째, '돈'의 관점인데 더 자세히 설명하자면 두 가지 경우가 있다.

• 자본을 많이 대는 사람 vs 자본을 덜 대는 사람
• 자본을 대는 사람 vs 자본의 출자 없이 자격증만 가지고 있는 공인중개사

우선 출자하는 자금의 차이가 많이 난다면, 결국 돈을 더 많이 댄 사람이 사업의 주도권을 잡게 된다. 즉 동업이라고는 하지만, 돈을 더 많이 낸 사람이 하자는 대로 일이 진행된다고 보면 된다. 사업에 있어서, 돈의 영향력은 일반적인 사람들이 생각하는 것 이상이다.

이때, 돈을 더 많이 댄 사람이 공인중개사 자격증이 없고, 돈을 덜 댄 사람이 공인중개사인 경우 (혹은 자본의 출자 없이 자격증만 가지

고 있는 공인중개사인 경우), 공인중개사는 거의 주도권이 없다고 볼 수 있다.

　말이 동업이지, 그저 시키는 대로 도장만 찍는 '도장 머신'이 되기 딱 좋은 경우라고 볼 수 있다. (사실 이런 경우에는 동업이라고 보기는 어렵고, 정확히는 '오너와 직원의 관계'라고 보아야 할 것이다.) 특히 이러한 경우 대부분은, 자금을 더 많이 출자한 사람이 공인중개사 자격증은 없지만 나름 오랫동안 부동산 중개업에 몸담고 살아왔을 가능성이 크다. 그리고 이들 중 몇몇은 공인중개사에게 꽤 열등감이 있다. 그래서 간혹 이러한 열등감을 본인의 자금력을 앞세워 분출하는 경우도 종종 있다.

　심지어 자칫 위험한 계약임에도 억지로 계약을 진행하게 해서 날인하게 한다든지 하는 상황이 벌어질 수도 있다. 특히 신참내기 공인중개사는 이런 경우를 주의해야 한다. 위험성이 있는 계약인 것도 모르고 그냥 늘 하던 대로 날인하다가는 정말 경을 치는 수가 있다.

　'도장 머신'이 되려고 그토록 열심히 공부를 한 것은 아닐 것이다. 동업을 하더라도 주도권을 잃지 말아야 하지만 쉽지 않을 것이다. 세상은 돈의 논리가 지배하고 있기 때문이다. 사회생활을 많이 안 해본 사람은 이런 내용에 대해 너무 쉽게 간과할 수 있겠으나, 사회는 정말이지 돈의 논리, 돈의 힘으로 굴러간다는 것을 꼭 명심하기 바란다.

이제 갓 공인중개사 자격증을 취득한 후배 공인중개사분들이 이 글을 보고 계시다면, 절대 아무하고나 손잡지 말라는 말씀을 드리고 싶다. 힘들게 자격증 공부하던 시절을 잊지 않길 바란다. 스트레스 받아가며, 밤샘 공부를 하던 그 시절을 생각해서 본인의 자격증을 소중히 다루길 바란다.

동업을 할 바에는 소공으로 좀 더 경력을 쌓으며, 관록과 판단력을 기르는 편이 낫다. 아니면 차라리 가능한 한 홀로서기를 추천하고 싶다. 물론 동업이나 소공보다 더 고되고, 거친 가시밭길이겠지만, 곱이곱이 넘어야 할 산도 많겠지만, 에둘러가는 길처럼 느껴지겠지만, 그 길이 오히려 더 빠르고 확실한 길이 될 수 있다.

계약서를 사무소에서만 써야 한다는편견을 버려라

대부분 공인중개사들은 '계약서 작성 및 날인(계약진행)은 공인중개사 사무소 테이블에서 고객과 만나 진행하는 것'이라는 통념을 가지고 있다.

하지만 실무를 진행하다 보면 '원정(?) 계약서 작성 및 날인'이 더 편한 경우가 생기기도 한다. 즉 우리 사무소 혹은 타 공인중개사 사무소가 아닌, '그 외의 장소에서 계약서를 작성하는 경우'라고 보면 된다. 예를 들면 이러한 경우이다.

1. 기본적으로 계약서 작성일은 고객과 공인중개사 사무소가 시간 약속을 잡고, 약속한 시일에 고객이 우리 사무소에 내방하는 날이다. 그런데 고객들이 계약서 작성일로 원하는 날짜와 시간이 도저히 우리 사무소의 일정과 맞지 않는 경우가 간혹 있다. 즉, 고객이 우리 사무소의 스케줄이 비어 있는 날짜와 시간에 방문하기가 상당히 어려운 경우를 뜻한다.

2. 종종 중개하는 매물이 우리 사무소와 지리적으로 너무 멀리 떨어져 있는 경우가 있다. 그런데 이런 경우 대부분은, 고객이 그 매물 근처에 직장 혹은 거주지가 있는 경우가 많다. 그러다 보니 고객이 자신이 있는 곳과는 상당히 멀리 떨어져 있는 사무소에 시간을 내어 방문하기가 부담스러운 경우라 할 수 있다. 왔다갔다하는 시간이 꽤 소요되기 때문이다.

물론 개인 시간을 편하게 사용할 수 있는 고객이라면 문제가 없겠으나, 고객이 직장 등의 이유로 시간이 빠듯하다면, 고객의 입장에서는 우리 사무소에 방문 한 번 하는 것도 부담스러울 수 있다.

3. 법인 등의 고객과 계약을 진행하는 경우에는 보통 그 회사의 대표자보다는 실무 담당자가 공인중개사 사무소와 연락하며 계약을 진행하게 된다. 그런데 사실 실무 담당자는 대개 직급이 높지 않은 경우가 많아, 잔업도 많고 상사의 눈치도 봐야 한다. 그래서 업무 중에 잠시 짬을 내어 사무소에 내방하기가 꽤 어려운 편이다. 그리고 설사 어렵게 계약서 작성일과 시간을 약속했다고 해도, 직장 내 업무 등의 이유로 사무소 내방을 취소하거나 시간 약속을 미루는 경우도 많다.

법인과의 계약은 인감증명서, (때때로) 사용인감계, 위임장 등의 서류가 필요한데, 대부분의 일반인들이 그렇듯 실무 담당자들은 공인중개사가 요청한 서류들 중 꼭 몇 가지는 빠뜨리는 경우가 많다.

그래서 위와 같은 경우라면 고객과 알맞은 사무소 내방 시간을 조율하며 시간을 소모하기보다, 차라리 내가 고객한테 직접 찾아가서 계약하는 게 낫다. 그렇지 않고 꼭 우리 사무소 테이블에서 계약서 작성하는 것을 고수하다 보면, 계약서 작성이 하루 이틀 정도 지체되기도 하고, 간혹 더 많은 시일이 지체되기도 한다.

1번이나 2번 같은 경우라면 고객의 사무실 혹은 거주지 근처에서 계약서를 작성하는 게 편하고, 3번의 경우라면 차라리 내가 그 회사 사옥에 가서 계약서를 작성하는 편이 낫다. 또 이런 경우, 그 회사에 다른 담당자들과도 소소하게 약간의 친분을 쌓아, 차후에 다른 계약의 기회를 만들어내기도 좋다는 장점이 있다.

물론 계약서 작성에 대해 '때에 따라 좀 지체될 수도 있는 거지'라고 생각하는 분들이 있을지 모르겠다. 하지만 가급적 계약금 입금 후, 계약서는 빨리 작성하여 날인해두는 게 고객과 공인중개사 사무소 모두에게 좋다는 것을 많은 공인중개사들이 공감할 것이다. 사람의 마음은 유동적이기 때문이다.

사실 이렇게 원정을 해 계약서를 작성하고 날인하게 되면, 공인중개사 입장에서 시간 소요도 많고 발품도 더 들고 다른 계약보다 더 피곤할 수 있다. 하지만 지체없이 일이 진행될 수 있다는 강점이 있다. 게다가 고객의 편의를 위해, 공인중개사가 직접 고객이 있는 곳에 방문하면 고객은 더 감동한다. 그래서 계약을 좀 더 부드럽고 원활하게 진행할 수 있는 소소한 장점도 있다.

그렇다면 원정 계약을 진행할 때 준비물은 무엇이 필요할까.

1. 미리 작성해둔 계약서와 중개대상물확인설명서: 고객의 신상이 들어가는 란은 공란으로 두고 프린트해서 고객과 만나 공란을 기입하거나, 미리 고객에게 고객의 신상을 받아서 계약서를 작성한 뒤 프린트해 준비해가면 된다.

2. 공제증서 사본

3. 등기부등본

4. (건물이라면) 건축물대장

5. (혹시 모르니) 위임장

6. 계약서 파일

7. 인주

8. 볼펜

9. 연필, 지우개

10. 대표 공인중개사의 인장 (및 소속 공인중개사의 인장)

추가적으로 아이패드, 와이파이 등의 기기를 사용하는 분이라면, 이러한 기기를 챙겨가는 것도 잊지 말자. 물론 사용하는 기기 모두 충분히 충전한 상태인지 사전에 확인해야 한다. 참고로 계약서와 중개대상물확인설명서를 제외한, 등기부등본과 건축물대장, 공제증서, 위임장은 계약서 파일에 미리 꽂아두는 게 편하다.

01
도대체 수십 억씩 하는 집을 사는 사람들은 누구인가요?

"다들 자꾸 '몇 억', '몇 억'하는데, 이렇게 비싼 집을 도대체 어떤 사람들이 사나요? 나는 아무리 벌어도 내 월급으로 도저히 부동산을 살 수 없는데…"

몇 해 전 내가 받은 질문이다. 맞는 말이다. 일반적인 사람들의 월급을 생각해보면 이런 질문도 무리는 아니다.

삶을 살아가는 데 집은 반드시 필요하다. 그런데 집이 필요하다고 해서 모두가 굳이 집을 매수해서 거주할 필요는 없다. 그리고 내 집 장만을 하기가 쉬운 세상도 아니다.

게다가 사실, 월세나 전세로 삶을 사는 것도 꽤 편안하고 안락하다. 월세나 전세 거주자로서 충분히 만족하며 사는 사람들도 많다. 그리고 월세나 전세로 거주하면, 재산세 등의 세금을 낼 필요가 없다는 장점도 있다. 그럼에도 불구하고, 부동산을 사들여 재테크하는 사람들은 어떤 사람들일까. 다음과 같이 요약해볼 수 있을 것 같다.

1. 돈이 많은 사람들

고액 연봉을 받는 사람이든, 사업소득이 높아 큰돈을 번 사람이든, 부잣집 출신이든 돈이 많은 사람들을 말한다. 이들은 부동산을 사 모으길 좋아한다. (대부분은 사업소득이 있는 사람들이 이 부류에 많은 편이다.)

이중 몇몇은 단순히 프라 모델 시리즈를 모으듯, 부동산을 사모으는 것을 즐긴다. 하지만 사실은 부동산을 통해 인플레이션을 누리고 싶어 하는 사람들이다. 성장하는 사회라면 반드시 완만한 인플레이션이 지속적으로 일어날 수밖에 없고 또 일어나야 하기 때문에, 이들은 실물자산에 투자하는 것이다. (인플레이션이 급격하게 일어나는 것은 절대 좋은 일이 아니지만, 경제 성장과 더불어 완만한 인플레이션은 사회적으로도 분명 필요하다.)

부동산 투자는 인플레이션이라는 대전제가 없다면 성립될 수 없다. 그렇다. 부동산에 투자한다는 것은 이 인플레이션 덕을 보겠다는 것이다. 인플레이션의 요점은 결국 물가가 올라가고 화폐가치는 점점 떨어진다는 내용 아닌가. 그렇기 때문에 부자들은 실물자산 투자를 선호하는 것이다.

실물자산으로는 부동산 외에 금과 같은 몇 가지가 더 있긴 하지만, 안정적인 시절에는 투자 대상으로 딱히 재미가 없다. 하지만 부동산은 안정적인 시절에도 그 나름의 소임을 다하는 좋은 투자처라고 볼 수 있다.

증여나 상속으로 인해 돈이 많아진 부류도 여기에 속하는데, 증여나 상속으로 부동산 등을 얻은 사람들은 자수성가한 1세대 부자들보다는 부동산에 대한 애착이 조금 덜할 수 있다.

2. 부동산으로 돈을 벌어본 적이 있는 사람들

어쩌면 1번에서 언급한 사람들과도 겹칠 수 있다. 이들은 부동산으로 돈을 벌어본 기억이 있다. 적어도 양도차익이 뭔지, 임대소득이 뭔지 안다. 대부분의 사람들은 본인이 돈을 벌어본 방법대로 다시 돈을 벌려고 하기 때문에, 이들은 본인들의 재테크 계획 1순위로 꾸준하게 부동산 매입을 꿈는다.

3. 성공 혹은 부에 대한 갈증이 있는 사람들

이들은 1번과 2번에는 해당하지 않지만, 열심히 돈을 벌고 또 알뜰살뜰하게 돈을 모아, 대출까지 껴가며 부동산을 사는 사람들이다. 이들이 이렇게 부동산에 집중하는 이유는 사실 성공이나 부에 대한 갈증이 있기 때문이다.

이들은 대부분 월세나 전세로 꽤 오랜 세월 살아본 적이 있는 사람일 가능성이 높다. 사실 월세나 전세로 사는 것도 생활에 큰 불편은 없다. 하지만 한번쯤 서러움에 눈물 흘릴 날이 있는데, 이들 또한 이러한 경험을 최소 한 번 이상은 해본 사람들이라고 볼 수 있다. 그리고 그 서러움을 잊지 않고 절치부심하며, '언젠간 꼭 집을 사겠어!'라고 마음을 다지며 지금까지 달려온 사람들이다.

이들의 주요 특징 중 하나는 자존심이 굉장히 세다는 점이다. 사실 평범한 살림에도 불구하고 성공과 부에 무서울 정도로 집착하는 사람들의 정신력은 보통이 아니라고 볼 수 있는데, 그러한 정신력을 유지하려면 강력한 동기부여가 필요하기 마련이다.

이러한 동기부여는 그들 마음속 깊은 곳에 자리 잡은 자존심으로부터 출발한다. 남에게 지고 싶지 않은 마음 같은 것 말이다. 이러한 강한 자존심이 절치부심을 하게 만들고, 그런 결과로서 부동산을 매입한 케이스이기 때문에 집에 대한 애착도 굉장하다. 집을 금지옥엽 애지중지하는 스타일들이 많다. 이들에게 있어서 부동산은 자기 자신 그 자체이다.

또한 이들은 리스크를 감당하길 주저하지 않는다. 때에 따라서는 모든 것을 다 걸기도 한다. 보통 자수성가하는 사람들은 딱히 재정적으로 기댈 만한 사람도, 이렇다 하게 도와줄 만한 사람도 없기 때문에, 본인의 모든 것을 걸고 큰 리스크를 감당해가며 부와 성공을 이룬다. 타고난 부자들이야 있는 돈으로 시기를 잘 봐서 자산을 굴리면 되지만, 일반적인 사람들은 본인의 모든 것을 걸어야 자산의 크기가 커진다.

사람들이 집을 사는 것은 단순히 집이 필요하기 때문에 사는 것만은 아니다. 나라에서는 집을 '사는 것 아니라 사는 곳'이라고 홍보하지만, 몇 십억 단위의 부동산의 경우 어떻게 거주만이 목적이겠는가. 부동산은 일종의 사치재라고 볼 수 있다.

그렇기 때문에 부동산을 자랑삼아 사는 사람들도 있다. 특히, 소위 돈 번 지 얼마 안 된 사람들이 명품으로 자랑을 하고 다니는데, 그 단계가 조금 지나가면 자동차, 그리고 마지막으로는 부동산으로 자기 자랑을 한다.

꼭 자랑하고 싶어서가 아니더라도, 부동산은 사람으로 하여금 자부심을 느끼게 해주기 때문에 사람들은 부동산을 사랑하는 것이다. 게다가 노후 대비까지 되는 장점도 있어서 투자처로는 꽤 긍정적인 평가를 받는다.

02
부동산 언제 사는 게 좋을까요?

언젠가 네이버 포털사이트 부동산 기사 댓글을 보던 중 아래와 같은 글을 본 적이 있었다. 너무 재미있는 글이라 소개해본다.

> 그때 집 샀어야 했는데…라고 생각했을 때 샀어야 했는데…라고 생각했을 때 샀어야 했는데…라고 생각했을 때 샀어야 했는데…라고 생각했을 때 샀어야 했는데…라고 생각했을 때 빚내서 살 걸…이라고 생각했을 때 과감하게 샀어야 했는데…라고 생각했을 때 그냥 들어갈걸…이라고 생각했을 때 정부 말 믿고 질렀어야 했는데…. 그리고 맨날 반 토막 난다고 함. 하하하. 30년째 반 토막 앵무새. 하하.
> — 글쓴이 foot****

사실 돈이 아주 많은 거부가 아닌 이상, 서민의 입장에서 부동산을 산다는 것은 금액을 떠나서, 엄청 많은 생각이 드는 결정일 것이다. 아마 위 댓글을 쓴 사람의 마음과 동일한 사람들도 많을 것이다.

그렇다면 부동산을 사는 데 있어서 좋은 시기는 언제일까. 각종 언론에서는 지금이 바로 대세 상승장이라고 투자의 적기라고 하기도 하고, 또 지금은 하락장이라서 추격매수를 해서는 절대 안 된다고 말하기도 하고, 또 엊그저께까지 깡통전세가 넘쳐나고 집값이 떨어지고 있다고 말하다가, 또 오늘은 집값이 대폭 상승했다고 한다. 그리고 한동안 집값이 내렸다는 기사를 보고, 막상 시장을 들여다보면 집값 하락을 체감하기는 그다지 쉽지 않다.

일반인이 부동산 시장에 대해 느끼는 감정은 대략 이런 느낌일 것이다. 그러다 보니 사람들은 도대체 언제 집을 사면 좋을지 고민이다. 이 말을 들으면 이런 것 같고, 저 말을 들으면 저런 것 같고 알쏭달쏭할 것이다.

사람들은 부동산 투자에 있어 최적의 시기를 찾고 싶어 한다. 하지만 냉정하게 말해 그러한 시기는 정해져 있지 않다. 어느 시절이나 그 시절 나름의 위기와 리스크는 꼭 있기 마련이다.

그리고 지금의 대한민국은 경제 성장기 때처럼 커다란 성장을 이루기는 어려운 실정이다. 게다가 현재 국제정세는 어떠한가. 미국과 중국이라는 지구촌 투톱이라고 할 수 있는 두 나라가 무역전쟁 중이다. 고래싸움에 새우만 피곤한 상황이라고 볼 수 있다. 또 매년 연말 신문 기사는 어떠한가. 기사 내용들은 대동단결하여 다음과 같이 도배되어 있다. 'XX경제연구소, 내년 경제는 더 어두울 것으로 전망.'

경제는 늘 어렵다. 그리고 내년에도 어려울 것이다. 하지만 그것은 중요하지 않다. 경제가 어렵다고 모두 다 어렵게 사는 것도 아니고, 경제가 좋다고 모두 다 경제적 풍요를 누리고 사는 것도 아니다. 그리고 이런 어려운 경제적 환경 속에도, 나름 경제적으로 발판을 마련하고 성장하는 사람들은 있다.

부동산 투자에 대해 많은 이들이 대세 상승장과 하락장을 논해 가며, 시기가 가장 중요하다고 강조한다. 이 말에 나도 절대적으로 동의한다.

하지만 사실 그런 거대한 시장의 변화를 예감하며 하는 투자는 거부들 혹은 대 자본가들에게 조금 더 적합한 형태다. 이를테면 시장이 공포로 뒤덮인 금융위기, 대공황 같은 사태가 일어났을 때의 전폭적인 투자를 말한다. 이런 투자는 반드시 승리할 것이고, 또 그에 따른 수익도 상당할 것이다.

그렇다면 일반인의 부동산 투자는 언제야 할까. 일반인은 대 자본가들에 비해 정보력에서도 차이가 많이 나지만, 가지고 있는 자본력도 상대적으로 초라하다. 일반적인 직장인을 기준으로 봤을 때, 대부분 대출을 제외한 자기자본이 10억 미만, 연령대가 젊다면 5억 미만이다. 그렇다 보니 시장에 큰 변화가 있는 시기에, 시장의 공포에 맞서 기민하게 대응하고 많은 수익을 창출하기도 상대적으로 버거운 편이다.

게다가 시장에 큰 위험이 올 때 본인의 인생에도 같이 위험이 온다면, 시장에 뛰어들어 투자를 할 여력은 현저히 줄어들 것이다.

IMF 때 부동산을 사들인 사람들이 대부분 돈을 벌었다고는 하지만, 직장에서 희망 퇴직하라는 압박을 받고 있는 상황에다가 작지만 몇 가지 투자해놓은 주식이니 펀드니 하는 것들도 다 반 토막을 치는 상황에, 부동산 투자를 할 용기를 낼 수 있을까.

즉, 결론적으로 일반인들이 느긋하게 시기를 가늠해서 때가 되었다 싶을 때, 거대한 자본을 융단폭격식으로 투하하는 투자를 따라 하기는 쉽지 않다.

그렇다면 일반인들이 부동산을 사들이기에 좋은 시기는 언제일까. 진짜 부동산을 매수해볼 만한 시기는 다음과 같다.

1. 내가 원하는 부동산을 매입할 현금이 어느 정도 있고
2. 대출을 일으킬 능력이 있고
3. '진심으로' 내가 부동산을 사고 싶다는 마음이 강하게 들고
4. 내가 마음에 드는 매물이 시장에 있을 때

여기에서 주어는 '내가'이다. 투자는 사람이 하는 것이다. 결국 주체는 자기 자신이다. 내가 주가 되는 투자를 해야 한다는 뜻이다.

투자에 있어서 제일 중요한 것은 '내가' 현금이 얼마 정도 있고, 그다음으로 중요한 것은 '내가' 대출을 받을 능력이 있는가이다. 그리고 '내가' 진심으로 부동산을 사려고 하는 의지가 있는지, 그리고 '내가' 마음에 드는 매물이 시장에 있을 때, 이 네 가지가 다 따라줄 때가 바로 투자하기 적합한 시기라고 볼 수 있다.

서민의 부동산 투자는 어떻게든 하루라도 빨리 작은 부동산(내 수준에서 감당할 수 있는, 내 수준에서 살 수 있는 부동산)이라도 내 것으로 만들어서 장기 보유하는 것이다. 일단 내 것으로 만들어놓고 난 후에야, 임대소득이든 양도차익이든, 벌든 잃든 할 수 있다. 매도차익을 조금 크게 잡고 싶다면 매수를 하고 나서 최소 5년은 보유를 하고 있어야 할 것이다. 그리고 매수 직후, 혹여 최악의 사태로 부동산 시장이 잠기는 시절을 만난다 할지라도, 내가 보유한 부동산을 어떻게든 지켜서 버텨야 한다. 이것이 핵심이다.

혹여 부동산 시장이 정말이지 심각한, 아주 최악의 사태라고 해도 (정말 이상한 곳에 산 부동산만 아니라면) 부동산을 보유하고 최대 10년 전후 정도라면, 보통 본인이 투자한 원금보다 더 많은 자금을 회수할 수 있다. 10년 전후라면 적어도 한 번은 기회가 온다. 강산이 한 번 바뀔 동안 인플레이션이 전혀 없을 수가 없기 때문이다.

사족일 수 있겠지만, 부동산 뉴스를 보면 '집값이 내려간다 혹은 올라간다'고 늘 떠들썩한데, 그래도 투자자들은 꽤 영리해서 막상 자기 마진은 다들 챙기고 나온다.

예를 들면 이런 것이다. 10억에 부동산을 샀고, 시세가 올라 20억이 되었다. 그러나 정부의 부동산 규제로 16억까지 주저앉았다. 그러던 중, 나에게 갑자기 부동산을 현금화해야 하는 상황이 생겼다. 지금 당장 내가 소유하고 있는 부동산을 현금화해야 내가 파산을 면할 수 있는 극단적인 상황이라고 가정해보자. 나는 이 집을 시장에 15억에 내놨고, 매매를 했다. 그래도 5억이 남지 않나. 물론 최고가인 20억에 팔았다면 단순히 계산했을 때 10억이 남는 거래를 했겠지만, 그것은 나의 운이 아니었다고 생각하는 편이 정신건강에 좋다. 그럼에도 나는 어찌 됐든 5억을 벌지 않았나. 부동산 경기가 하락하고 있는 상황에도, 투자대비 적지 않은 수익을 실현했다고 봐야 할 것이다.

정말 중요한 건 집값이 올라가는지 내려가는지가 아니라, (설사 최악의 시장 상황을 만나더라도) 내가 어느 정도의 이득을 챙기고 나올 수 있는가이다.

03

어떤 부동산을 사는 게 좋을까요?

"뭘 사면 좋을까요?"

이것은 아마도 전국에 있는 공인중개사가 공통적으로 가장 많이 받는 질문일 것이다. 하지만 이것은 반쪽짜리 질문이라고 볼 수 있다. 그렇다면 완벽한 질문은 무엇일까.

"내가 가진 (대출금을 제외한) 현금이 얼마 있는데, 이 돈으로 살 만한 게 뭐가 있을까요?"

추천컨대, 이렇게 질문해야 공인중개사로부터 가장 빨리, 가장 알맞은 해답을 얻을 수 있다.

부동산 투자에 있어서 가장 중요한 것은 단연 '내가 가진 현금이 얼마인지'이다. 어떤 매물을 사야 할지는 둘째다. 즉, 본인이 가지고 있는 현금이 부동산 투자의 우선 기준이다. 그리고 그다음 단계에서 어느 정도의 대출을 일으킬 수 있는지를 알아보고 시장에서 내가 살 만한 매물을 캐내야 한다.

내 책 『월급으로 내 집 장만하기』에도 언급했지만, 어깨를 짓누르는 대출은 권하고 싶지 않다. 물론 부담이 전혀 없는 대출은 세상에 없겠지만, 밤잠이 안 올 만큼 대출을 받는 것은 신중하게 생각해봐야 한다. 물론 무리한 대출을 받아서 투자를 잘 하고, 좋은 결과를 만들어내는 경우도 있다. 하지만 일이 안 풀리면 정말 피곤한 상황이 생기기도 한다. 대출 금액에 대해서는 신중할 필요가 있다.

가용 현금과 대출에 대한 이야기가 끝났다면, 그다음은 투자자 본인의 성향이 어떠한지를 구체적으로 알아야 한다. 예를 들면, 부동산 입문자인지 아니면 기존에 부동산에 투자해서 수익을 얻어본 적이 한 번이라도 있는 사람인지, 직장인인지, 사업소득자인지, 연령대가 높은지, 젊은지, 가족은 몇 명인지, 결혼한 사람인지, 실제 입주해서 살아야 하는 부동산을 매입해야 하는지, 아니면 임대소득만을 위한 투자인지, 안정적인 투자를 원하는지, 공격적인 투자를 원하는지 등을 고려해서 투자해야 한다.

성향에 대한 분석이 끝났다면, 비로소 종목에 대해 논한다. 부동산에는 여러 가지 투자 종목이 있다. 적은 돈으로 할 만한 것으로 리츠(REITs) 투자도 있다. 하지만 본인 이름 석 자가 들어간 등기권리증(집문서)를 만져보는 재미는 없다. 그 외 다세대 원룸이나 투룸, 쓰리룸, 소형 오피스텔 투자 등이 있고, 지방 같은 곳이라면 무인도나 자투리땅 투자 등도 가능하다.

토지나 상가, 사무실 등 사람마다 선호하는 종목이 다르다. 특히 상가는 상권 등의 분석이 필요하고, 향후의 상권이 이동하면 큰 손실이 생기므로 주택 부문 부동산 투자보다는 조금 더 신중할 필요가 있다.

대표적인 부동산 투자 종목으로는 아파트가 있다. 아파트는 더 설명이 필요없는 대표적인 부동산 투자처이다. 유망 지역의 브랜드 아파트는 금액에 있어서 여력이 있다면 반드시 한 채 정도는 투자 해놓는 것이 좋다. 게다가 부동산 호황기 때에 상승세도 가파른 편이어서 많은 투자자들이 선호하는 자산이다.

특히 서울 재건축 아파트 등은 지금 현 부동산 시장 상태로만 봤을 때는 심심한 측면이 있다. 하지만 그렇다고 정부에서 언제까지 마냥 부동산 시장을 옥죄고만 있을 수는 없기 때문에, 몇 년 후 부동산 시장의 숨통을 풀어줄 시기가 반드시 올 것이다.

이때, 그동안 서울 부동산을 살 수 있었음에도 사지 않아 안타까워했던 사람들이 다시 서울 부동산 시장에 집중하게 될 것이다. 노후한 아파트가 많은 서울에서 새 아파트에 대한 수요는 웬만해서는 늘 대환영이기 때문이다.

평범한 사람의 기준으로 보았을 때 보통 부동산으로 적지 않은 돈을 벌 수 있는 투자를 하려면, 매매가 기준 10~20억 전후의 매물이어야 할 것이다. (30억 이상은 거래 자체가 빈번하지 않아서 환금성이 좋다고 보기는 어렵다.) 이 정도의 매물 금액대여야 부동산 호황기가 왔을 때 매물금액의 상승세가 가파르게 오르기 쉽고, 앉은 자리에서 말 몇 마디로 5000만 원에서 몇 억까지 오르고 내리고 할 수 있는 매물로 인식되기 때문이다. (물론 그만큼의 매수세가 충분히 뒷받침되어야 한다.) 다만, 서울에서 꼬마빌딩을 사기에는 턱없이 부족한 금액일 수는 있다.

물론 부동산 투자 입문자로서는 이러한 이야기들이 아직은 생소하고 자신과는 거리가 먼 이야기라고 느껴질 것이다. 그렇다면 '부동산 투자 입문자에게 맞는 투자'는 무엇이 있을까. 대부분 사람들의 현금 자산이 10억 미만이라는 것을 감안한다면, 다음과 같이 권유할 수 있을 것 같다.

2억 미만의 매물을 중심적으로 공부하고 매입해보길 바란다. 사실 금액대가 크지 않아서 쉽게 접근할 수는 있지만, 매매가의 대폭적인 상승을 바란다면 시간이 걸릴 수도 있다. 그렇지만 보통 인플레이션 이상으로 수익을 거두며, 부동산 투자에 대한 감각을 키우는 좋은 도구가 된다. 책으로만 하는 부동산 투자 공부보다, 더 많은 것을 배울 수 있다.

부동산 투자 입문자임에도 불구하고 현금 보유량이 많은 경우가 종종 있는데, 본인의 현금을 감안해서 매매가 높은 매물을 매수해 수익 및 향후 매도차익을 크게 할 수도 있다. 하지만 아직 그런 매물을 선뜻 매수할 용기가 없다면, 작은 매물들부터 조금씩 도전해보며 본인의 지평을 넓혀가는 것도 좋다. 급하게 먹은 밥은 체할 수 있기 때문이다.

04
팔까요, 말까요? 계속 오를까요, 떨어질까요?

"서울 XX동에 재건축 아파트가 한 채 있는데, 팔아야 할까요? 그냥 가지고 있는 게 좋을까요?"

얼마 전 상하이에서 사업을 하는 고객과 상담하던 중, 고객이 한 질문이다. 나는 현금이 급하지 않다면 계속 보유하길 권유했다.

고객들은 "팔까요, 말까요? 계속 오를까요, 이제는 좀 떨어질까요?" 같은 질문을 꼭 한 번씩은 한다.

그러나 중요한 것은 '나의 경제적 상황'이다. 내 경제적 사정이 어려워서 당장 파산할 지경이라면, 혹은 지금 당장 목돈이 필요하다면, 또는 이와 비슷한 경우라면 부동산을 파는 것도 좋다.

하지만 그러한 경우가 아니라면 웬만해서는 팔지 않기를 바란다. 결국 집값은 크든 작든 조금씩 조금씩, 또는 때때로 크게 오를 수밖에 없을 테니 말이다. 이것은 내 의견이라기보다 객관적인 사실이다.

그렇다면 근본적으로 집값이 오르는 이유가 무엇일까. 우리는 기본적으로 '집값이 오를까, 내릴까?'라는 질문보다 더 근원적인 질문,

'집값이 오르는 진짜 이유'를 알 필요가 있다.

집값이 오르는 이유는 다양하지만, 다음의 5가지가 주요하다.

1. 인플레이션

물가상승을 말한다. '물가는 계속적으로 완만하게 서서히 상승할 것이다'라는 대전제가 없다면 실물자산에 투자하는 일은 결단코 없어야 한다. 부동산 투자의 대전제는 누가 뭐라고 해도 이 '인플레이션'이다.

지금으로부터 10년 전, 20년 전, 30년 전의 자장면 값이 모두 동일했고, 앞으로 10년 후, 20년 후, 30년 후에도 모두 동일할 것이라고 예상한다면, 지금 당장 부동산 투자를 멈추고 집에 쌓아둔 쓸모없는 부동산 재테크 책들을 중고서점에 팔아치워야 할 것이다.

2. 금리

특히 미 연준의 금리를 주목해야 한다. 미국의 경제 사정은 우리에게도 정말 중요하다. 미국의 재채기 한 번이면, 대한민국은 감기 몸살을 앓는다. 부동산 담보대출 금리의 인상은 결국 집값을 인상하는 데 꽤 쓸모 있는 이유가 될 것이고, 금리의 하락은 부동산 투자 열기에 기름을 붓는 효과를 가져올 것이다.

3. 임금인상

물가가 오르고 금리가 오르는데, 월급이 안 오르면 많은 직장인들이 견디기 힘들 것이다. 그리고 임금이 오른다는 것은, 뒤이어 부동산 매매가에 작지만 영향을 줄 수밖에 없다고 봐야 한다.

4. 정부 정책

부동산 시장을 좌지우지할 수 있는 것은 절대적으로 정부의 의지에 달려 있다. 부동산 시장에서 가장 강력한 힘을 가졌다고도 볼 수 있다. 하지만 안타깝게도 정부의 강한 규제는 늘 의도와는 다르게 반사이익을 가져온다.

5. 투자자들의 욕망

사람의 마음은 눈에 보이지도 만질 수도 없어서, 다들 이 5번을 너무 과소평가하고, 그럴듯한 그래프와 숫자들에만 집중하고 있지만, 매물의 매매가가 높을수록 그것을 보유한 사람들의 욕망도 상당하다고 봐야 한다.

부동산에 투자한 사람들의 기본 마인드는 '내가 산 금액 밑으로는 안 판다'는 점이다. 특히 서울의 브랜드 아파트, 번화가 등의 매물이 더욱 그러하다. 이들은 본인이 산 금액 밑으로 부동산을 매도한다는 상상을 하지 못한다. 이를 비난하거나 옹호하는 것은 아니지만, 투자자의 마인드로서는 올바른 마인드라고 볼 수 있다.

또한 이들은 본인이 산 부동산의 임대료 혹은 임대보증금을 어떻게 하면 점진적으로 조금씩 올릴지를 늘 염두에 두며 살고 있다. 이런 그들을 단순히 악덕 임대인이라고 욕만 해서는 곤란하다. 우리는 자본주의 사회에서 살고 있고, 이들은 단순히 임대인이라기보다 정확히 부동산을 '투자의 대상'으로 잘 이해하고 있는 '투자자'로 보아야 한다.

각종 부동산 기사의 댓글들을 보면 부동산 소유주들의 투자, 투기, 혹은 욕망을 탓하는 글들이 많다. 심지어 부동산 투기꾼들로 매도하고 이들 때문에 경제가 어렵다고 비난한다. 그러면서도 한편으로는 이런 사람이 되고 싶어 한다.

사견이지만, 이런 부동산 투자자들이 진심으로 밉다면 그들이 투기를 하지 못하도록 이들로부터 매물을 뺏어오길 바란다. 부적절한 방법으로 시장에서 난동을 부리라는 뜻이 아니다. 이들이 부동산을 투기하려 할 때, 내가 달려가서 뺏어오는 것이다. 그렇다면 적어도 대한민국에서 일어날 뻔한 투기 1건은 내가 처치한 것이 되지 않겠나. 돈이 부족하다는 핑계는 사실 필요 없다. 내 수준에서 감당할 수 있는 부동산 매물만 생각하면 된다.

사실 급격한 집값의 상승은 4번과 5번이 가장 관련이 깊다. 1~3번은 사실 집값 상승의 표면적인 명분에 불과하다. 최저임금이 많이 올라서 집값이 3억이 올랐다고는 볼 수 없지 않은가.

시장은 늘 호황과 불황을 왔다 갔다 한다. 국내적으로 부동산 경기가 과열되면 정부가 나서서 진화에 나서고, 경기가 너무 침체되어 있으면 (근시안적인 방법일 수는 있겠지만) 경제를 위해서라도 부동산 경기를 부양한다. 또 세계적인 경기 흐름도 국내 부동산 경기에 호황과 불황을 가져다준다. 그렇게 집값은 올랐다 내렸다를 반복해 왔고 앞으로도 그렇게 반복될 것이다.

단기적으로 조정을 받는 때도 있다. 호가나 거래가가 하락하는 때도 있다. (어떠한 자산이든 당연하게도 하락하는 때가 있기 마련이다. 이를 견디지 못하는 사람이라면, 부동산이 아니더라도 다른 투자 역시 힘들다.) 그러나 단순히 금리가 인상되기 때문에 혹은 인구가 감소하기 때문에, 부동산은 앞으로 매매가가 점차 낮아질 것이라고 단순하게 판단하는 것은 신중해야 할 필요가 있다.

설사 단기적으로 조정을 받는 상황이 온다고 해도, 일반적인 부동산이라면 위에 언급한 이유들 때문에라도 결국 부동산의 매매가는 점차 오른다. 특히 위치가 좋은 곳이라면 이러한 경향은 더욱 확실하다.

물가상승, 임금인상, 인구감소, 고용불안, 전 세계적인 불경기, 그리고 부동산 시장에 거품이 많다는 뉴스들이 가득하다고 해서 겁을 집어먹고 당장 20억짜리 부동산을 10억이나 5억, 또는 2억에 내다 팔 사람은 많지 않다.

왜 층을 알려주지 않나요?

대부분 고객들은 집합건축물 등의 부동산 매물광고에서, 왜 층에 대한 정보가 '고층·중층·저층'으로 표시되어 있는지 궁금해한다. 그러다 보니 인터넷 광고를 보고 공인중개사 사무소에 문의 전화를 할 때, 다음과 같은 질문을 한다.

"인터넷 광고 보고 연락드려요. XX주상복합 매물 '몇 층'인가요?"

고객 입장에서는 인터넷 매물광고에 몇 층이라고 정확한 숫자를 기입하면 좋을 텐데, 왜 고층·중층·저층으로 표기하는 걸까. 그 이유는, 이러한 내용이 인터넷 상에서 대외적으로 알려지기에 조심해야 하는 정보에 해당하기 때문이다.

더 정확하게 말하자면 공인중개사 사무소에는 몇 가지 '일급기밀'이 있는데, 매물의 층과 호수도 이 일급기밀에 속하기 때문이다. 그렇다면 공인중개사 사무소의 일급기밀에는 대략 무엇이 있을까.

1. (특히 빌딩매매 등에 있어서) 매물의 '주소'

2. 아파트나 오피스텔 같은 집합건축물에서의 '동, 층, 호수, (때때로) 방향'

3. 매도인 및 매수인, 임대인 및 임차인의 '연락처'

물론 각 공인중개사 사무소의 스타일마다 조금씩 차이는 있겠지만, 아마도 위 3가지 내용은 대부분의 공인중개사 사무소가 공통적으로 제일 중요한 정보로 인식한다고 봐도 무방하다.

어쩌면 일반인들이 보기에는 '왜 저런 내용을 기밀이라고까지 표현할까?'라고 생각할 수 있다. 사실 위의 정보가 기밀에 가까운 중요한 정보로 취급받는 데에는 5가지 정도의 이유가 있다.

첫째, 경쟁사 견제의 이유가 있다.

둘째, 일부 몇몇 고객에게 이유가 있다. 어느 업계나 고객은 정말이지 소중하고 고마운 존재이지만 간혹 고객 중에는 조심해야 할 고객들이 있다. (대중을 상대로 사업을 해본 사람들은 공감할 수 있을 것이다.) 예를 들면 다음과 같다.

1. 우리 공인중개사 사무소를 통해 동이나 층, 호수, 방향 등을 알아내고는, 친분이 있는 다른 공인중개사 사무소에서 계약을 진행하는 사람들

2. 우리 공인중개사 사무소를 통해 해당 매물의 주요 정보를 얻고는, 우리 사무소를 배제하고 매물의 소유자와 직접 계약을 진행하려 하는 사람들

3. 심지어 공인중개사 사무소에서 계약서를 작성한 뒤, 계약의 상대방에게 전화해서 공인중개사 사무소를 배제하고 계약을 진행하자고 회유하는 사람들

물론 공인중개사 사무소는 법적으로 중개보수청구권이 있어서, 이런 얌체고객에 강력하게 대응할 수 있다. 하지만 공인중개사 사무소는 가능한 한 이러한 번거로운 일이 벌어지지 않도록 미연에 방지하고 싶어 한다.

셋째, 부동산 소유주들의 요청이 있는 경우이다. 이따금 부동산 소유주들은 비밀리에 계약을 진행하고 싶어 하기도 한다. 그래서 매물광고에 본인 소유 부동산의 층이나 호수 등이 절대 보이지 않도록 요청하는 경우도 많다. 특히 매물의 금액이 클수록 이러한 경향이 있다.

넷째, 공인중개사를 통해 알아낸 정보를 안 좋게 이용하는 사람들도 있다. 간혹 부동산 소유주의 급한 사정으로 인해 시장에 저렴하게 나온 매물이 있는데, 이 매물의 층과 호수를 공인중개사 사무

소로부터 알아내어 집주인에게 찾아가서 집값이 떨어지니 매물의 금액을 시세 이상으로 받으라고 압력을 넣는 사람들도 있다. 그러고 는 공인중개사 사무소에 허위매물을 올린 것 아니냐고 따지며 허 위매물신고를 해 공인중개사 사무소를 곤란하게 하는 경우도 있다.

마지막으로, 고객 중에는 우리 공인중개사 사무소에서 알려준 정 보를 타 경쟁 사무소에 아무렇지 않게 전달하는 분들도 있다. 예를 들자면 다음과 같다.

"A라는 공인중개사 사무소에서 1702호 매물 얘기는 들었어요."

사실, 고객의 입장에서는 딱히 악의를 가지고 한 말은 아닐 것이 다. 하지만 이런 경우, 경쟁사에서는 모르고 있었을 수도 있던 매물 1702호에 대한 정보를 얻게 된다. 이 경우 경쟁사는 해당 소유주와 접촉하여 매물계약을 진행할 가능성이 생긴다. 우리 공인중개사 사 무소 입장으로서는 경쟁사가 추가된 셈이다.

이러한 이유로 대부분의 공인중개사 사무소는 (직접 우리 사무소에 방문해 대면한 고객 외에는) 유선 상으로 매물의 주요 정보에 대해 많 은 사항을 안내하는 것을 조심스러워한다.

공인중개사 사무소는 이러한 매물 정보들을 얻기 위해서, 꽤 많 은 광고비와 사무소 유지비, 고객의 눈에는 보이지 않을 수고와 노 력을 쏟는다. 이 부분을 고객들이 조금은 알아주었으면 한다.

왜 같은 평형인데 금액이 다른가요?

"왜 같은 평형인데 금액 차이가 큰가요?"

오늘도 고객으로부터 들은 질문이다. 주거용 부동산은 동일 평형일지라도 심하면 몇 억씩의 차이가 있기 때문에, 공인중개사는 종종 이런 질문을 받는다.

몇 년 전 일본은 '동일노동 동일임금'이란 기치를 내세우며 노동 시장에 대한 정책기조를 바꾸었다. 이는 아베 정권의 근로정책 중 꽤 큰 변곡점이었는데, 요지는 비정규직일지라도 정규직과 같은 내용의 노동을 하면 동일한 임금을 지불해야 한다는 내용이다. 아직까지 이에 대한 찬반 논란이 있지만, 우리나라도 꽤 관심을 가지고 지켜봐야 할 사안이다.

물론 일본의 이러한 근로정책이 우리나라 부동산 시장과 크게 접점은 없을 것이다. 하지만 부동산 시장에서도 이러한 흐름으로 '동일평형 동일금액'이면 이해하기가 쉬울 텐데, 왜 부동산은 같은 평형임에도 불구하고 금액에 차이가 날까.

많은 이들의 바람과는 다르게, 부동산의 가치나 금액이 단순히 평형에 달린 것은 아니기 때문이다. 그 이유에는 여러 가지가 있지만, (특히 주거용 집합건축물 등의 부동산에 있어서) 아래 5가지 이유가 주요하다.

1. 층의 고저

'층의 고저'이다. 일반적으로 층이 높다면, 저층보다 조금 더 높은 금액으로 거래될 가능성이 많다. (그래서 층이 높은 층을 로얄층이라고 부르기도 한다.) 하지만 반드시 그렇지는 않다. 낮은 층이라고 해도, 비슷한 시기에 상대적으로 더 높은 층보다 더 높은 금액으로 거래되기도 한다.

2. 채광과 방향

'채광, 방향(남향/북향/동향/서향)'이다. 특히 주택에 있어서, 채광과 방향은 거래금액에 꽤 많은 영향을 줄 수 있다. 우리나라는 기본적으로 남향을 선호한다. 남향을 선호하는 이유는 풍수지리적인 부분도 있지만 단연 채광 때문이다. 빛이 잘 드는 남향은 좋은 주거환경의 조건 중 하나이다. 하지만 남향이라고 해도 채광이 어두운 곳은 남향 프리미엄이 있기 힘들다. 또한 남향을 제외하고도 서향도 긍정적인 평가를 받는데, 풍수상 서향집이 재물운이 좋다는 말이 있어서다. 특히 사업하는 사람들이나 금융업에 종사하는 사람에게 좋다고 해서 남향집보다 서향집을 선호하는 분들도 있다.

3. 뷰(View)

창밖 풍경('경관', '전망', 혹은 '뷰'라고 보통 표현한다.')이다. 아무래도 사무실보다는 주거용 부동산에 있어서 풍경을 중요시 여기는 경향이 있는데, 특히 창밖의 풍경에 따라 금액적인 부분에서 차이가 생길 수 있다. 예를 들면, 산이나 강, 바다, 멋진 야경 등의 뷰가 좋은 집이라면 더 높은 가치가 있다고 평가되기도 한다. 서울의 경우 한강 조망이 가능한 아파트들이 대표적인 예이다.

4. 인테리어

'인테리어 수준(수리여부)'이다. 때에 따라 앞의 3가지 이유보다 더욱더 막강한 영향력이 있을 수도 있다. 사람은 시각적이어서 일단 환하고 깨끗하고 예쁜 부동산에 조금 더 좋은 기억을 갖는다. 그래서 어느 지역이나 준공 이후 20년 이상 된 주거용 부동산의 경우, 한 번쯤은 수리를 하는 것이 좋다. 그래야 임대도 조금 더 높은 금액에 맞출 수 있기 때문이다. 특히 심각하게 낮은 느낌의 집을 임대하려면 전체 혹은 일부라도 수리를 하는 것이 좋다.

부동산 매물광고에 '올수리'라고 표시된 광고들이 있는데, 이 '올수리'라는 표현은 보통 오래되고 낡은 집의 인테리어를 전체적으로 요즘 스타일의 인테리어로 바꿔서, 쾌적한 거주환경으로 바꿔놓았음을 뜻한다. 이런 올수리 집은 조금 더 높은 금액과 조금 더 빠른 속도로 계약이 진행될 수 있는 장점이 있다.

5. 부동산 소유주의 마음

각각의 부동산들은 각각 소유주가 다르다. 그러다 보니 본인이 추구하는 거래 스타일 및 거래금액도 제각각이다.

- 동일한 평형일지라도 '로얄층'이니까 시세보다 더 많은 거래금 액을 원하는 소유주도 있고,
- 동일한 평형의 '로얄층'이지만, 급한 사정으로 인해 조금은 낮 은 금액이라도 좋으니 빨리 계약진행을 원하는 소유주가 있기 도 하고,
- 동일한 평형의 '저층'이니까, 조금은 낮은 금액이라도 좋으니 빨리 계약진행을 원하는 소유주가 있기도 하고,
- 동일한 평형의 '저층'이지만, 시간이 걸리더라도 가능하면 더 많은 거래금액을 원하는 소유주가 있기도 하다.
- 동일한 평형일지라도 '뷰나 채광이 더 좋은 집'이니까, 시세보 다 더 많은 거래금액을 원하는 소유주도 있고,
- 동일한 평형의 '뷰나 채광이 더 좋은 집'이지만, 급한 사정으로 인해 조금은 낮은 금액이라도 좋으니 빨리 계약진행을 원하는 소유주가 있기도 하고,
- 동일한 평형의 '뷰나 채광이 덜 좋은 집'이니까 조금은 낮은 금 액이라도 좋으니 빨리 계약진행을 원하는 소유주가 있기도 하고,
- 동일한 평형의 '뷰나 채광이 덜 좋은 집'이지만, 시간이 걸리더 라도 가능하면 더 많은 거래금액을 원하는 소유주가 있기도 하다.
- 동일한 평형일지라도 '올수리를 해놓은 집'이니까, 시세보다 더

많은 거래금액을 원하는 소유주도 있고,

• 동일한 평형의 '올수리를 해놓은 집'이지만, 급한 사정으로 인해 조금은 낮은 금액이라도 좋으니 빨리 계약진행을 원하는 소유주가 있기도 하고,

• 동일한 평형의 '덜 수리가 된 집'이니까, 조금은 낮은 금액이라도 좋으니 빨리 계약진행을 원하는 소유주가 있기도 하고,

• 동일한 평형의 '덜 수리가 된 집'이지만, 시간이 걸리더라도 가능하면 더 많은 거래금액을 원하는 소유주가 있기도 하다.

이런 이유 등으로, 각각의 부동산들은 크든 작든 호가가 상이하다. 그리고 아담 스미스가 말한 시장의 '보이지 않는 손'에 의해 적절히 알맞게 계약이 된다.

공인중개사는 얼마나 버나요?

몇 달 전 지인들에게 공인중개사에 대한 책을 쓰고 있어서 그러는데, 혹시 공인중개사에 대해 궁금한 내용이 있는지 물어본 적이 있다. 지인들의 질문 중에는 의외로 다음과 같은 질문이 있었다.

"공인중개사는 얼마나 버나요?"

사실 이런 질문은 자주 받지는 않지만, 사람들이 내심 궁금해하는 것 같아 공인중개사의 수입에 대해 다뤄보고자 한다.

우선 공인중개사로서 활동을 하게 된다면, 보통 다음과 같이 두 가지 부류로 나누어 활동하게 될 것이다.

1. 사장으로서 활동을 하는 경우

사장 공인중개사는 '개업 공인중개사'로 불리는데, 말 그대로 본인의 공인중개사 자격증을 가지고 관청에 허가를 받아 사업(중개업)

을 하는 사람이다. 사무소 개업은 보통 개인 혹은 법인의 형태가 있다. 법인의 형태라면 투자를 받기도 하지만, 개인의 형태라면 보통 본인의 자본을 투자하고 또 직원을 고용해 수익을 만들어낸다.

2. 직원으로서 활동하는 경우

직원 공인중개사는 공인중개사 자격증은 있지만, 본인의 공인중개사 자격증을 가지고 관청에 등록하여 사무소를 개업한 사람은 아니기 때문에 '소속 공인중개사(소공)'로 불린다. 공인중개사 자격증은 없지만 공인중개사 사무소의 직원으로서 근무하는 '중개보조원'도 있다. 이들은 직접적으로 계약서 작성을 할 수 있는 권한은 없지만 현장에서 공인중개사를 도와 업무를 진행하는 직원이다. 이들의 명함 타이틀은 보통 '중개보조원'이라고 표시되어 있거나, 과장, 실장, 대리, 이사 등 직함만 있다. (공인중개사가 아니기 때문에 명함에 공인중개사 타이틀을 쓸 수 없다.)

그렇다면 수입적인 부분에 있어서는 어떨까. 우선 '월급을 받는 사람'과 '월급을 받지 않는 사람' 두 부류로 나눠볼 수 있다.

첫째, 사장인 개업 공인중개사는 당연히 월급이 없다. 야근식대도 당연히 없다. 이들의 수입은 부동산 계약 체결에 온전히 달려 있다. 직장인의 월급은 정해져 있다. 하지만 작은 규모의 사업이나 자영업은 내가 이번 달에 얼마를 벌게 될지, 다음 달에 얼마를 벌게될지 예측하기 어렵다. (물론 큰 사업체라면 이야기가 조금 다를 수 있다.)

이에 따른 스트레스를 견딜 자신이 없다면, 공인중개사 사무소 개업뿐만이 아니라 자기 사업을 하겠다는 마음은 당분간 마음속 깊은 곳에 넣어두는 편이 좋다.

둘째, 직원은 '월급을 받는 직원'과 '월급을 받지 않는 직원'으로 나눌 수 있다. 보통 부동산 회사의 채용 광고들을 보면, 대부분 기본 월급에 추가적으로 인센티브를 지급하겠다고 광고한다. 물론 실제로 직원들의 급여방침을 광고와 동일하게 적용하는 곳들도 있지만, 사실상 취업 초반 몇 개월 동안은 월급제로 일하더라도 그 이후에는 인센티브제를 권유하는 곳이 많다. 부동산 업계는 기본적으로 계약 체결이 수익의 원천이기 때문이다.

게다가 업계에서도 월급을 받는 직원은 프로로서 인정받지 못한다. 실력이 있다면 더 큰 수익을 얻을 수 있는 인센티브제가 직원 입장으로서도 좋기 때문이다. (이런 인센티브제가 마음에 안 든다면 프로가 아닐 가능성이 많다.) 그래서 경력이 있는 직원들은 오히려 월급제 급여를 거부한다. 월급제 직원으로서 버는 수입보다 인센티브제 직원으로서 버는 수입이 더 좋기 때문이다. 혹여 월급제 직원 공인중개사로서 일하고자 한다면, 차라리 평범한 직장인으로서 월급을 받는 게 낫다고까지 말해줄 수 있다. 특히 일반적인 직장인 마인드로는 이 직업을 꾸려가기 꽤 힘들 것이다.

공인중개사의 수입은 결론적으로 말하자면 천차만별이다. 일반 직장인들처럼 연봉계약을 하는 것도 아니고, 대부분 월급 없이 인센티브제로 근무하기 때문이다.

그렇다면 인센티브제로서 공인중개사가 밥을 먹고살려면 어느 정도의 매물을 다뤄야 할까. 소소하게 재미를 느끼려면 그래도 최소 8억 전후의 매물부터가 의미 있을 것이다. 그리고 그러한 매물을 잘 다루려면 관련 지식과 함께 영업력이 구비되어 있어야 한다. 특히 모르는 사람을 대하는 데 있어서, 뚱한 성격을 가진 사람이라면 이 직업은 맞지 않는다. 처음 보는 사람에게도 편하게 친근하게 대할 수 있는 성격이 필요하다.

참고로 일반 회사 월급제 영업사원 마인드만으로는 이 직업을 꾸려나가기 턱없이 부족하다. 월급 없이 인센티브만으로 먹고살 수 있어야 '진짜 영업'이다.

내 책 『월급으로 내 집 장만하기』를 보고 '1:1 부동산 전략상담'을 요청한 분들 중에서도 공인중개사가 되고 싶다는 분들이 꽤 많았는데, 직접적으로 공인중개사의 수입과 관련하여 문의하지는 않았지만 아마도 이러한 내용이 궁금하셨을 것도 같다. 그분들에게도 이 글이 도움이 될 수 있기를 바란다.

Part
5

공인중개사에 대한
오해

01
호가를 올린다고요?

'매매가 높아지면 높아질수록 중개수수료도 더 높아지니까, 매도 의향이 있는 사람들에게 무조건 더 높은 매매가에 팔도록 조언하겠지.'

부동산 투기와 관련된 인터넷 글들을 보다 보면, 위와 같은 댓글들을 발견하기도 한다. 하지만 이는 일반적인 분들이 생각하는 공인중개사에 대한 가장 큰 오해가 아닐까 싶다. 공인중개사로서 '단연코' 아니라고 말할 수 있다.

생각해보라. 시장에 납득할 만한 이슈가 전혀 없는데 무조건 더 높은 매매가를 조언해 호가를 올린다고 해도 매도인으로부터 인심은 살 수 있을지언정, 사실상 계약으로 이어지지는 않는다. (매수자는 바보가 아니다.) 더군다나 계약이 이루어지지 않는 조언은 매도인은 물론이거니와 우리 사무소의 발전에도 도움이 되지 않는다. 그런 조언을 과연 공인중개사가 할 필요가 있을까.

그런데 신기하게도, 시장에는 '일반적인 시세보다 특이할 정도로 상당히 높은' 매매가의 매물광고가 종종 나온다. 왜일까.

사실 드물지만 몇몇 부동산 소유주들은 '매도 의사가 전혀 없음'에도, 공인중개사 사무소에 '시험삼아 매도 의뢰'를 하는 경우가 있다. 이런 분들은 당장의 매도 계획은 없지만, 공인중개사 사무소를 통해 시세보다 높은 금액의 매물광고를 올려 호가를 높이고 싶어한다.

물론 우리에게 매도 의뢰를 할 때 적절한 매도 금액은 어느 정도인지 문의하기도 하는데, 최근 거래된 실거래가와 현재 시세에 대해 조언해도 본인이 목적하는 바가 따로 있기 때문에 큰 의미는 없다.

우리는 고객의 의사대로 매물 광고를 할 수밖에 없다. 고객의 의사를 반할 수는 없기 때문이다. 대체로 큰 이슈 없이, 특이할 정도로 시세보다 상당히 높은 금액의 매물 광고는 정확히 부동산 소유주의 의지라고 할 수 있다.

그렇다고 이러한 매물들에 대해 심각하게 생각할 일은 아니다. 어떠한 자산이건 (호가를 떠나) 충분한 매수세가 들어오지 않는다면, 매매가의 상승은 일어날 수 없다. 결국에는 '보이지 않는 손'이 매매가를 정하게 된다.

이러한 내용을 모르는 일반인들은 단순히 '부동산의 호가를 올리는 건 공인중개사들의 욕심일 거야'라고 생각하는데, 전혀 그렇지 않다는 점을 현직 공인중개사로서 꼭 알려드리고 싶다.

02
과다 중개수수료?

몇 달 전 어떤 젊은 고객의 의뢰로, 부동산 매물을 보여드린 적이 있다. 그런데 그분이 다음과 같은 질문을 해왔다.

"복비는 인터넷 광고에 나온 대로죠?"

너무나 당연한 말이라서, '이런 질문을 하는 이유가 뭘까?'라는 생각이 들 정도였다.

아마도 이러한 질문을 미루어봤을 때, 몇몇 분들은 아직도 과다 중개수수료를 받는 사무소가 있다고 생각하는 듯하다. 그러나 단언컨대, 과다 중개수수료를 받는 공인중개사 사무소는 없다.

물론 아주 옛날 옛적에는(?) 이러한 관례가 있었다고 들은 적이 있다. 하지만 지금은 엄연히 공인중개사법이 있고, 이러한 관련 법규를 어겼을 때 입게 되는 사무소의 손해 또한 상당하기 때문에, 현재 모든 공인중개사 사무소들은 과다 중개수수료를 받는 일이 없다.

또한, 공인중개사는 계약서 등의 작성을 위해 대부분 한국공인중개사협회에서 만든 '한방' 프로그램을 사용하는데, 매 계약마다 해당 계약에 알맞은 중개수수료가 자동으로 계산되어 중개대상물확인설명서에 기재되고 있다. 때문에 애초에 과다 중개수수료가 부과될 일 자체가 없다. 그러니 고객들께서는 이러한 걱정을 할 필요가 없다.

03
허위 매물의 진실

"네이버에 올라온 XXX매물 진짜 있는 매물인가요?"

공인중개사 사무소에서 인터넷에 올린 광고를 보고, 몇몇 고객들
은 위와 같이 문의전화를 한다. 아마도 언론에서 많이 다룬 허위
매물을 의식한 문의일 것이다.

물론 일부 몇몇 사무소에서는 있지도 않은 허위 매물을 인터넷
에 게재하기도 한다. 일단 고객을 끌고 보자는 마인드인 것이다.

하지만 대부분 공인중개사 사무소는 이런 허위 매물을 올리지
않는다는 것을 꼭 말씀드리고 싶다. 그럼에도 불구하고, 부동산의
특성상 '우리 사무소도 모르는 새에 허위 매물이 되는 경우'는 종
종 있다는 것을 한 번쯤은 언급하고싶다.

그렇다면 '우리 사무소도 모르는 새에 허위 매물이 되는 경우'는
어떤 경우일까. 예를 들면 아래와 같다.

'부동산 소유자 A'는 본인이 가지고 있는 애플아파트 101호를 전

세 10억에 임대하기로 했다.

그리고 B, C, D, E 공인중개사 사무소에 모두 임대 의뢰를 했다. B, C, D, E 공인중개사 사무소도 모두 인터넷에 전세 매물 광고를 게시했다.

며칠 후, E 공인중개사 사무소에서 전세 고객을 모시고 와서 A와 계약서를 작성했다. 애플아파트 101호 전세계약이 체결된 것이다. E 공인중개사 사무소에서는 애플아파트 101호에 대한 전세 매물 광고를 삭제했다.

그런데 애플아파트 101호가 전세계약이 체결된 줄 모르고 있는 B, C, D 공인중개사 사무소는 애플아파트 101호의 전세 매물 광고를 인터넷에 그대로 게시한 채 있다. 즉 B, C, D 공인중개사 사무소는 본인들도 모르는 새에 허위 매물을 인터넷에 광고하고 있는 상황이 된 것이다.

이런 와중에, B 공인중개사 사무소에서 올린 애플아파트 매물 광고를 보고 모 고객이 전화로 문의했다. B 공인중개사 사무소는 해당 매물이 있다고 전화상으로 안내했다.

고객은 애플아파트 매물을 구경하고 싶다고 B 공인중개사 사무소에 요청을 했고, B 공인중개사 사무소는 가능하다고 전화상으로 안내를 했다. 그리고 고객이 원하는 시간대에 매물을 방문할 수 있도록 A에게 전화해 해당 매물에 방문할 수 있는 시간대를 문의했다.

하지만 A는 해당 매물은 이미 계약 체결이 되었다고 B 공인중개사 사무소에 알려주었다.

B 공인중개사 사무소는 고객에게 전화를 해, 죄송하지만 해당 매물은 이미 계약이 체결되었다고 안내했다. B 공인중개사 사무소는 고객에게 미안한 마음에 비슷한 금액의 다른 매물들도 찾아봐 드리겠다고 안내했다.

하지만 B 공인중개사 사무소의 고객은 B 공인중개사 사무소가 허위 매물을 게시했을 것이라고 추측했다.

대부분의 허위 매물이 위와 같이 생성된다. 왜냐하면 부동산 소유주에게는 본인의 매물이 계약되어도, 기존에 본인이 매도·임대를 의뢰했던 다른 공인중개사 사무소들에게 계약이 체결되었음을 통지할 의무가 별도로 없기 때문이다.

그러나 고객 입장에서 너무 걱정할 일은 아니다. 꼭 그 매물이 아니더라도, 비슷한 금액대의 매물을 공인중개사 사무소에서 찾아줄 것이니 말이다.

다만 안타까운 것은 위와 같은 내용을 모르는 일반 고객들이 언론에서 이야기하는 말만 듣고 색안경을 낀 채, 공인중개사 사무소의 매물 대부분은 허위매물일 것이라고 추측한다는 점이다. 이 부분은 분명 인식의 개선이 필요하다.

이 매물은 금방 계약될 거예요

> 부동산에서 빨리 계약 체결을 하려고 '이 매물은 좋은 매물이어서 빨리 계약 안 하면 (다른 사람에 의해) 금방 계약될 거예요'라고 말하는데, 천천히 고민해도 됩니다. 그래도 금방 계약 안 됩니다.

언젠가 인터넷에서 위와 같은 글을 본 적이 있다. 물론 어떠한 부동산을 계약하든 당연히 신중히 고민해야 한다. 그런데 마치 공인중개사 사무소가 본인들의 이익을 위해 고객에게 억지로 계약을 체결하도록 부추긴다는 뉘앙스의 글이라 상당히 마음에 거슬렸다. 게다가 마지막 문장이 꽤 흥미로웠다. '그래도 금방 계약 안 됩니다'라고?

시장에는 종종 생각보다 꽤 좋은 매물이 등장한다. 이때 공인중개사는 단번에 꽤 좋은 매물임을 알아본다. 그리고 다음과 같이 생각한다.

'이건 정말 가성비 좋은 매물이잖아? 우리 사무소에 오는 고객에게 꼭 추천해드려야겠다.'

사실 정말 좋은 매물은 실제로 금방금방 계약되기 때문에, 분명 고객에게 어필할 필요가 있다. 우리 고객이 마음에 들어 했던 매물인데, 갈팡질팡 고민하다가 타 공인중개사 사무소에서 계약해버렸을 때 고객이 느끼는 허탈감은 우리가 느끼는 감정과 다르지 않다. 때문에 좋은 매물을 좋은 매물이라고 고객에게 알릴 필요가 있다. 좋은 것을 좋다고 말할 줄도 알아야 공인중개사이다.

그런데 정말 좋은 매물이기 때문에, 금방 계약될 것이라고 알려드리는 것을 단순히 돈벌이를 위해 계약 체결을 빨리 재촉한다고 몇몇 고객들은 생각하는 듯하다.

하지만 절대 그렇지 않다. 공인중개사의 눈으로 보았을 때, '정말 금방 계약될 매물들'은 분명히 있다. 다시 한 번 더 강조하지만, 정말 금방 계약될 매물들은 분명히 있다. 그리고 그러한 예상은 실제로 대부분 맞아떨어진다.

그렇기 때문에, 공인중개사는 기왕이면 '나의 고객'이 그 매물을 계약하길 바라게 된다. 타 공인중개사 사무소의 고객이 계약을 하는 것보다, 우리 고객이 그 좋은 매물을 가져가길 바라는 것은 어떤 공인중개사든 똑같은 마음일 것이다. 누구든 고객을 위하는 마음은 모두 동일하기 때문이다.

05

그렇게 좋은 게 나한테 오겠어?

"집값이 떨어지면 어쩌죠?"

"버블이 붕괴되면 어쩌죠?"

"인구가 줄고 있는데 집값이 오를까요?"

"앞으로 집을 매수할 사람들은 수입이 많지 않기 때문에 결국 집값은 떨어지지 않을까요?"

공인중개사는 상담을 요청하는 고객들 중, 부동산에 대해 너무나 부정적이고 회의적인 고객들을 가끔 만나기도 한다. 바로 위와 같은 질문들을 하는 고객분들 말이다.

사실 이런 생각을 가진 분들은 공인중개사가 꽤나 논리적인 어조로 본인의 부정적인 의견을 하나씩 꺾어주기를 원해서 상담을 요청하지만, 자금 여력이나 부동산 시장 상황을 떠나 실질적으로 부동산에 대해 이렇게까지 부정적이고 회의적인 생각을 가진 분들은 부동산을 매수하기 어렵다. 게다가 정말 안타까운 사실은, 이런 분들이 가지고 있는 생각의 최종 종착지가 아래와 같다는 사실이다.

'그렇게 좋은 매물이라면 나한테까지 오겠어? 그렇게 좋은 매물이면 본인이 계약하겠지.'

정말 좋은 매물이 나와서 기쁜 마음으로 해당 매물을 브리핑해도, 이분들은 정말 이렇게 생각한다. 때문에 이렇게 부동산에 대해 부정적인 견해를 가진 분이 상담을 요청하는 경우, 공인중개사들마다 차이는 있겠지만 특별한 관계나 상황이 아닌 이상 대부분 그렇게 깊은 상담을 하진 않는다. 그는 어차피 우리의 고객이 되지 못할 가능성이 높기 때문이다.

이런 분들은 설사 부동산을 매수하게 되더라도, 본인이 기본적으로 부동산에 대해 부정적으로 생각하기 때문에 그리 좋은 조건의 부동산을 사는 일도 드문 편이다. 또한 본인이 부동산을 매수하고 나서도 계속 부동산에 대해 부정적으로 생각할 가능성이 많아서, 우리로서는 사실 이런 분들이 꽤 어려운 고객이라고 볼 수 있다.

그러나 한 가지 분명히 말할 수 있는 것은 '세상을 살다 보면 의외로 좋은 게 나한테 올 때가 있다'는 것이다. 사람은 마음이 약하고 경제적인 지위가 안정되지 못할 때에 보통 부정적인 생각을 많이 하는데, 너무 의심만 가득한 눈으로 세상을 바라보다 보면 나한테 오는 복을 굳이 차버리게 되는 수가 있다.

이런 분들에게 필요한 것은 지금 당장의 투자보다, 선입견 없이 열린 마음으로 부동산에 대해 더 공부하는 자세이다.

좋은 매물은 공인중개사들이 다 가져가던데요?

최근에 지인이 우리 사무소에 찾아왔다. 지인은 부동산 매수에 대한 상담을 요청했는데, 상담 도중 고객은 웃으며 농담처럼 다음과 같이 나에게 푸념했다.

"정말 좋은 매물들은 시장에 나오기가 무섭게 공인중개사들이 계약해서 다 가져가던데요?"

지인은 모 지역에 꽤 괜찮은 금액의 아파트가 매물로 나와서 매수를 고민했는데, 그때쯤 그 지역의 모 공인중개사 사무소 대표가 그 매물을 계약했다는 이야기를 해주었다. 그러면서 좋은 매물은 모조리 공인중개사가 직접 계약해 가져버린다는 것이었다.

그러나 이것은 오해다. 좋은 매물은 모조리 공인중개사 자신이 계약해버린다는 것은 너무 과장된 표현이다. 물론 좋은 매물이 시장에 나오면 공인중개사가 가장 먼저 알아차린다. 그리고 때마침 금전적인 상황이 허락된다면, 공인중개사 자신이 매수하기도 한다.

하지만 공인중개사 개인의 경제적 상황이나 대출 가능 여부, 정부의 부동산 시장 정책 등이 삼위일체가 되어야 가능하기 때문에 자주 있는 일은 아니라고 지인에게 설명해주었다. 나의 지인도 동의한다며 고개를 끄덕였다.

끊임없이 돈이 나오는 화수분을 가지고 있지 않는 이상 어느 누구도 시장에 좋은 매물이 나올 때마다 매번 기회를 놓치지 않고 가질 수는 없다. 이는 공인중개사들도 마찬가지다.

07

억지로 계약시키면 어쩌지?

'나는 아직 자금력도 부족하고 망설여지는 마음도 있는데, 혹시 공인중개사 사무소에서 덜컥 계약을 시키면 어쩌지?'

업무를 하면서 느낀 점이지만, 공인중개사 사무소에서 계약을 체결함에 있어서 몇몇 분들은 위와 같이 막연하게 걱정을 하는 것 같다. 하지만 그런 걱정은 하지 않아도 된다고 말해주고 싶다.

우리끼리 농담으로 하는 말이지만, '우리도 반은 관상가'라는 말을 한다. 상담을 요청한 고객이 진정 계약 의사가 있는지 없는지는 눈빛과 말투, 행동으로 대부분 알 수 있다. 그렇기 때문에 무리하게 억지로 계약을 진행하지는 않는다.

또, 설사 무리하게 계약을 진행하더라도 대부분 결과가 좋지 않기 때문에, 고객을 억지로 계약하게 하는 무리수는 두지 않는다.

Part
6

부동산 거래의 기술

01
기회는 전화를 타고 온다

최근 사무소 앞 은행을 방문했다. 전화벨이 여러 번 울렸지만, 창구에 있는 직원은 앞에 모신 고객과 대화가 길어져서 사정상 수화기를 조금 늦게 들었다. 직원은 수화기를 들자마자 다음과 같이 말했다. "전화를 늦게 받아 죄송합니다. xx은행 xxx입니다."

대부분의 사람들은 전화 벨소리가 몇 번 울렸을 때 받을까? 일반적인 직장인들은 보통 벨소리보다 진동으로 설정해두었을 것이다. 그리고 전화가 온다고 하더라도 즉시 받기가 어렵다. 특히, 직위가 낮으면 낮을수록 이러한 경향은 더 짙다.

하지만 본인의 부동산을 매도해야 할 때, 혹은 임대를 놓아야 할 때, 부동산을 매수할 때, 임차로 집을 구할 때만큼은 평소에 전화를 제때 받을 수 없는 사람이라고 할지라도, 어떻게 해서든 전화를 제때 받아야 한다. 전화가 도저히 어렵다면, 문자로라도 빠른 시간 내에 회신해야 한다.

최근 사례로, 모 주상복합 아파트에 전세 매물이 세대수에 비해 많이 나온 적이 있었다. 전 세대 동일한 평형대인 아파트였지만, 최저 8억에서 11억 원까지 전세 매물이 많이 나온 상태였다. 아무리 동일한 평형이라 할지라도, 층이나, 방향, 뷰, 수리 여부 등에 따라 매물의 금액은 차이가 있다.

실질적으로 가장 빠른 기간 내에 소진될 수 있었던 매물은 8~9억원대였다. 가장 고층의 매물이 8억에 그리고 저층의 매물이 9억에 나왔는데, 가장 전망이 좋고 금액도 1억 가까이 더 저렴했던 고층의 매물은 잘 계약되지 않았다.

이유는 수리가 되지 않은 세대이기도 했지만, 기존 거주하고 있는 임차인을 통해서 집을 봐야 했는데, 공인중개사 사무소에서 전화를 할 때마다 매번 임차인은 부재중이었다. 결국 더 높은 금액에 더 낮은 층의 매물이 먼저 계약되었다.

사실 이러한 상황이 되면 공인중개사는 고객에게 해당 매물을 원활하게 보여주기 어렵다. 물론 어떤 사람들은 '며칠 전부터 예약을 잡아놓고 임차인을 통해 집을 보여주면 되지 않을까?'라고 생각하지만, 고객이란 원래 대부분 예고 없이 바람처럼 오는 특성이 있다. 미리 며칠 전부터 예약을 해서 집을 보고 싶다고 요청하는 고객이 있는가 하면, 공인중개사 사무소에 전화해서 '지금 당장 집 보여주세요. 5분 안에 도착할게요'라고 말하는 고객도 있다.

전화를 받는 매순간은 기회라고 봐도 과언이 아니다. 이는 공인중개사뿐만이 아니다. 임대인, 임차인, 매도인, 매수인도 마찬가지이다. 공인중개사가 하는 전화를 잘 받으면 좋은 물건을 다른 고객보다도 빨리 접할 수 있다. 고작 몇 분 차이로 매수자가, 임차인이 바뀌는 경우는 이 업계에 허다하다. 어떤 때는 주식처럼 분초를 다투는 일도 다반사다.

하지만 이는 부동산만의 일은 아닌 것 같다. 모든 기회는 거의 전화로 온다고 봐도 무방한 듯하다. 팩스도, 이메일도, 우편도 아니다. 기회라고 할 만한 소식들은 거의 대부분 전화로 우리에게 온다. 우리가 전화를 잘 받아야 하는 이유이다.

그런데 어떤 책에서 보니 요즘 사람들은 전화로 오는 스트레스를 피하기 위해, 몇 시부터 몇 시까지는 전화는 물론이고 문자도 안 받고 오롯이 나만의 시간으로 채우고자 하는 사람들이 늘어난다고 한다. 사실 그러한 일이 가능한지 의문스럽지만 그렇게 사는 분이 있다면 절대 말리고 싶다.

그 마음을 모르는 것은 아니다. 심지어 요즘은 별의별 전화가 다 온다. 대부분 영업적인 전화다. 은행에서 대출해줄 테니 돈 빌려 가라는 전화, 사용 중인 인터넷을 우리 회사로 바꾼다면 상품권을 주겠다는 전화, 스마트폰을 바꿀 때가 되었으니 저렴하게 새 스마트폰으로 바꿔주겠다는 전화 등등 하루에도 많으면 몇 번이고 이런 전화가 온다. 아무리 차단을 해도 소용이 없다.

하지만 진짜 기회가 될 만한 연락이 왔는데 광고 전화일 것이라고 예단해서 전화를 안 받는다면, 손해가 막심이다. 그러니 어떠한 전화든 일단 받아야 한다. 받고 나서 아니다 싶으면 그때 끊으면 된다. 솔직히 약간의 짜증은 나겠지만.

물론 전화를 재깍재깍 못 받는다고 해도 정말이지 내게 기회가 될 일이라면 성사가 된다. 하지만 안타까운 것은 몇몇 기회는 내 것이 아닌 것이 되어버린다는 점이다. 쉽게 가질 수 있었던 그 몇몇 기회를 놓친다는 것은 꽤 마음 아픈 일이다.

세네갈 속담에 이런 말이 있다. "하늘이 주는 기회는 잠든 자들을 깨우지 않는다." 한마디로 잠을 많이 자는 사람에게는 그만큼 기회가 줄어든다는 뜻이다. 하지만 나는 이 말을 이렇게 바꿔보고 싶다. "하늘이 주는 기회는 잠든 휴대전화를 깨우지 못한다."

인생에는 기회가 3번 온다고 한다. 하지만 내가 보기에는 언제 어디서든 몇 번이든 올 수 있는 것이 기회인 것 같다. 단 그 기회가 올 때마다 잘 낚아챈다는 전제하에 말이다. 기회는 날이면 날마다 오지 않는다. 왔을 때 잘 알아보고 얼른 내 것으로 만들어야 한다.

이 책을 읽는 분들께 꼭 강조하고 싶다.

"삶에 있어서 중요한 기회는 당신 손에 쥐고 있는 휴대전화를 타고 옵니다. 우리는 그 기회를 절대 놓치지 말아야 합니다."

02
나의 계약을 적들에 알리지 말라

"나 이번에 집 샀어!"

사람들은 부동산을 소유하게 되면 상당히 큰 행복함을 느낀다. 그렇다. 부동산은 다른 어떤 재화를 소유하는 것과 비교가 안 될 만큼 '경사스러움'이란 행복이 있다. 물론 매매가가 클수록 그러한 기쁨은 배가 된다. 그리고 기쁨은 주변인들과 나눌수록 더욱 커지기도 한다. 행복한 소식을 나를 아껴주는 이들과 공유하는 것만큼 즐거운 일도 많지 않다.

하지만 주의해야 할 것이 있다. 기본적으로 나의 자산을 타인에게 알리는 것은 그리 좋은 일이 아니다. 인간이란 본디 타인이 자신보다 잘 되는 것을 바라지 않는다. 이것은 인간의 본능인 듯하다. 축하에 이어 질투 섞인 표현이나 표정, 비꼼 등 또한 감내해야 한다. 그러니 되도록 자산은 아무도 모르게, 가까운 사람들도 모르게, 자식들조차 모르게 소유하고 매매하는 것이 좋다.

물론 때에 따라 전략적으로 내 자산을 알릴 필요가 있다면 그것은 제외이다. 다만 내 자산을 자랑하거나 알린다고 해도, 그에 알맞은 시기가 있음을 말해주고 싶다. 그 시기는 다음과 같다.

우선 부동산을 매입할 때(살 때)의 경우다. 부동산을 매입하게 되어 주변인들과 기쁨을 나누되, 잔금을 치르고 등기권리증(집문서)이 내 손에 쥐어지기 전까지는 절대 함구해야 한다.

많은 사람들이 부동산 계약금을 넣고, 바로 부동산을 소유한 것처럼 행복해한다. 맞다. 행복함은 이때부터 시작이다. 하지만 아직은 이 행복을 주변인들과 나눌 때가 아니다. 계약서 작성이라는 관문이 남아 있기 때문이다.

그렇다면 이어서 계약서 작성이 완료되고 도장까지 찍었으니, 이제는 이 행복을 주변 사람들과 나눠도 될까? No, 아직이다. 계약서 작성만으로 계약이 끝났다고 생각한다면 오산이다. 계약서를 작성하고도 계약은 여러 변수로 깨질 수 있다. 그래서 많은 공인중개사들은 매 계약마다 유리를 다루듯 신중하게 임한다.

많은 사람들이 잘 모르는 것이 있다. 부동산 계약이 막 진행될 때, 많은 방해꾼들이 나타날 수도 있다는 사실을 말이다. 예를 들면, 타 경쟁사가 매도인(부동산을 파는 사람)에게 매도를 미루도록 권유한다든지, 매수인에게 그가 매수하려는 부동산에 대해 근거 없이 비판적으로 브리핑을 하는 경우도 있다. 사실 이런 경우는 거의 없지만 분명 주의해야 한다. 이러한 이유로 계약의 당사자가 마음이 망설여진다면, 어렵사리 얻은 계약의 기회를 날려버릴 수 있다.

뿐만이 아니다. 매도인, 매수인의 가족 혹은 친지, 친구 등이 매도, 매수에 대해 회의적인 시각을 어필한다면 매도인, 매수인의 마음은 흔들린다. 이런 경우 계약은 자칫 어그러지기 쉽다. 공인중개사는 때에 따라 이 방해꾼들과 여차하면 맞서 대응하기도 해야 한다. 물론 그러한 일이 일어나지 않도록 사전에 잘 조율하는 노련함도 때에 따라 필요하다. 하지만 이러한 일이 생기지 않도록 거래 당사자가 아예 함구하는 것이 절대적으로 필요하다. 아무튼 아직은 방심할 때가 아니다.

그렇다면 이어서 계약서 작성이 완료되고 잔금을 치르고 난 후라면, 이제는 주변인들과 축배를 들어도 될까? No, 아직이다. 잔금을 치르는 것은 쉽다. 정해진 날에 입금하기로 한 금액만 송금하면 된다. 다만 매매 계약의 완료는 내 손에 등기권리증이 쥐어졌을 때 정식으로 완료되었다고 봐야 한다. 아직 내 손에 등기권리증이 쥐어지지 않았다면, 그것은 공적인 기관 즉, 관청의 입장에서 보았을 때 나는 그 부동산의 소유자가 아니다. 아직 이 나라에서 내가 주인인 것을 인정하지 않은 상태라고 할 수 있다. 아니, 모르는 상태라고 볼 수도 있겠다.

물론 잔금을 치르면 한숨 돌릴 수 있는 것은 맞다. 하지만 조금만 더 기다리자. 나의 등기권리증은 보통 1주일 전후면 법무사 사무소를 통해 나에게 우편이나 퀵서비스로 전달이 된다. 내 이름이 찍혀져 있는 등기권리증을 받아보고, 그 행복을 내가 제일 먼저 맛본 뒤, 그다음에 지인들과 먹방여행을 가도 늦지 않는다.

그럼 부동산을 매도할 때(팔 때)는 어떨까. 안타깝게도 부동산 매도는 시기가 따로 있지 않다. 그저 부동산 매도와 관련하여 어떠한 말도 입 밖으로 내서는 안 된다. 어쩔 수 없이 부동산 매도에 대해 타인들에게 말을 해야 하는 상황이라면, 아주 먼 훗날, 아주아주 먼 훗날에 말하는 편이 좋다.

왜냐하면 내 소유의 부동산을 팔았다고 주변인에게 말하는 것은 "내가 목돈 현금이 생겼어"라고 고백하는 것과 같기 때문이다. 목돈이 생긴 사람은 물론 축하를 받을 것이다. 그리고 그 소문은 천리 밖까지 전달될 것이다.

그리고 이윽고 어떠한 사람을 만나게 될 것이다. 그 사람은 당신의 현금을 노리는 사람일 가능성이 있다. 특히 오랜만에 만났는데, 나의 매도 사실을 알고 있는 사람은 정말이지 주의해야 한다. 그들은 온갖 감언이설로 당신의 돈을 자신의 주머니로 넣으려 할 것이다. 내 직간접적인 경험이기도 해서 나는 절대로 고객들에게 매도 사실을 주변인에게 발설하지 말라고 신신당부한다. 그러니 이 글을 보는 독자께 다시 한 번 더 강조하고 싶다. 부동산을 팔고 나서 매도 사실에 대해 절대 함구해야 한다. 누군가 당신의 돈을 노리고 찾아올 수도 있기 때문이다.

03
모습을 드러내야 진짜 고객이다

"네이버에서 매물 광고 보고 전화 드렸어요. XXX 아파트 매물이 몇 동에 있는 몇 층 몇 호죠?"

고객 대부분은 공인중개사 사무소에서 인터넷에 게시한 매물 광고를 보고, 위와 같이 전화 문의를 한다. 특히 아파트나 사무실, 오피스텔의 경우, 몇몇 고객은 전화상으로 시장에 나온 매물의 주소, 층이나 방향, 동, 호수 등 공인중개사 사무소 입장으로는 일급비밀에 가까운 내용을 문의한다.

이런 경우 공인중개사 사무소마다 스타일이 조금씩 다르겠지만, 대부분 그러한 상세한 내용을 전화상으로는 알려주지 않을 것이다. 왜냐하면 수화기 너머에 있는 고객이 진짜 고객인지 아닌지 아직 모르기 때문이다. 전화 문의만으로는 아직 진짜 고객이라고 단정할 수가 없다는 뜻이다.

사실 공인중개사 사무소 입장에서 진짜 고객은 따로 있다. 고객인 듯 보여도 '가짜 고객'이 있다는 뜻이다. 공인중개사는 전화로 가짜 고객 여부를 판단할 수 있어야 한다.

　가짜 고객은 크게 둘로 나뉘는데, 첫째는 경쟁사이다.
　경쟁 공인중개사 사무소도 우리 공인중개사 사무소에서 게시한 광고를 본다. 우리 사무소가 어떤 매물을 광고로 올리는지, 매물의 금액은 어떻게 되는지, 어떻게 광고 문구를 게시했는지 훑어본다. 그리고 우리 공인중개사 사무소의 광고에서 좋은 점이 있다면 벤치마킹한다.
　일부 몇몇 경쟁사는 본인들이 가지고 있지 않은 매물에 대해, 그 매물을 광고한 해당 공인중개사 사무소에 연락해서 마치 고객인 척 가장하여 매물에 대해 소소한 것까지 물어본다. 그리고 해당 매물을 알아내어 그 공인중개사 사무소를 통하지 않고, 본인들의 수익으로 이어지도록 한다.
　물론 이런 일이 많지는 않다. 서로 아는 처지에 이렇게 치사한 방법은 쓰지 않는 게 상도이고, 경쟁사 역시 대부분 바쁘기 때문에 이런 일이 발생하는 경우는 드물다. 하지만 개중에 몇몇은 꼭 이런 행동을 하는 경쟁업체가 있다. 이런 이들을 경계해야 한다.
　둘째는 해당 매물에 대해 광고를 보고, 약간의 흥미가 있는 정도에서 공인중개사 사무소에 문의하는 고객이다. 딱히 그 매물이 필요하진 않지만 그냥 얘기나 들어볼까라는 마음에서 연락하는 고객을 뜻한다. 물론 이러한 고객에게도 그 고객이 몰랐던 해당 매물만의 장점 등을 어필하여 그 매물에 대해 호감을 갖게 하는 경우도 많다.

하지만 이러한 고객에게 지나치게 전화상으로 너무 많은 정보를 제공하는 것은 그리 추천해줄만한 일은 아닌 것 같다. 상담에 대한 대가도 없이 괜스레 이런저런 정보만 제공하고 시간만 낭비할 수 있기 때문이다. 이 고객을 응대하기 위해 다른 고객에게 응대할 시간을 뺏기게 된다든지, 업무에 차질이 생길 수도 있다.

게다가 그 가짜 고객이 타 경쟁 사무소에 우리 사무소에서 안내한 내용을 고스란히 언급하게 된다면, 그 정보를 알게 된 경쟁 사무소에게 매물을 뺏길 위험이 있다. 이러한 이유로 전화상으로 해당 매물에 대해, 긴 시간 동안 많은 정보를 고객에게 제공하기는 어려운 점이 있다.

그렇다면 진짜 고객은 누구일까. 일단 해당 매물에 대해 전화상으로만 너무 많은 정보를 요구하는 고객은 가짜 고객일 가능성이 있다. 정말 그 매물을 꼭 필요로 하는 고객은 먼저 본인의 눈으로 그 매물을 보고자하는 욕구가 더 크다. 진짜 고객이 제일 궁금해하는 점은 '언제 가면 그 매물을 볼 수 있는지'이다.

추가적으로 몇몇 부류가 더 있는데, 근처 분양 사무소에서 취급하는 매물에 대해 우리 사무소가 어떤 의견을 가지고 있는지 전화로 물어보는 사람들이 있다. 그들이 공인중개사 사무소가 취급하지도 않는 분양 사무소의 매물을 공인중개사 사무소에 물어보는 이유는 객관적으로 공인중개사 사무소에서 판단했을 때, 분양 사무소에서 취급하는 매물을 어떻게 생각하고 있는지가 궁금해서다. 그러나 그것은 표면적인 이유고, 그 분양 사무소에서 취급하는 매물에 대해 어떤 비판적인 생각이 있는지, 그 의견을 들어보고 싶은 것이다.

이러한 경우는 잘 모르는 매물이라고 말하고 통화를 짧게 마무리하는 것이 좋다. 타 업체에서 판매하는 매물에 대해 내 의견을 전화상으로 피력해봤자, 서로에게 득 될 것이 없기 때문이다. 그리고 어떠한 비즈니스건 기본적으로 타 업체의 상품에 대해 평가하는 것은 최대한 삼가야 한다. 결정적으로 내가 아무리 열심히 상담을 한들, 나의 노동력과 수고를 보상받을 곳이 없다.

물론 그 고객을 회유해서 본인의 고객으로 만들면 되지 않느냐고 반론할 수도 있겠다. 하지만 중개 사무소와 분양 사무소는 취급하는 매물을 접근하는 스타일 자체가 다르다. 게다가 기본적으로 매매라는 것은 어느 정도 공인중개사 사무소와 고객의 신뢰가 있어야 진행될 수가 있고, 또 고객이 원하는 매물과 공인중개사 사무소가 추천하는 매물이 어느 정도 의견일치가 될 만한 매물이어야 하는데 이러한 경우는 신뢰도, 의견일치도 둘 다 모호한 상황이다.

또한 전화 문의를 해온 고객에게 너무 많은 정보를 제공하는 것은 고객으로 하여금 해당 매물에 대해 전혀 궁금한 점이 없어지게 만든다는 것을 기억해야 한다. 그리고 궁금증이 깨끗이 사라진 고객은 우리 공인중개사 사무소를 찾을 일이 없게 된다. 결론적으로 그것은 고객이든 우리 사무소든 누구에게도 이익이 아니다. 이 점을 명심해야 한다.

금액 흥정은 계약금을 쥐고 하는 것이다

"광고 보고 전화 드렸어요. 이 매물 금액, 얼마까지 조정 가능한가요?"

간혹 이런 문의 전화를 해오는 고객이 있다. 해당 매물에 대해 다짜고짜 얼마까지 조정을 해줄 수 있냐는 것이다. 이러한 경우 대개 고객은 해당 매물에 대해 대략적 내용은 알고 있는 경우가 많다. 관련 내용은 다 알고 있으니, 별도의 브리핑은 필요 없고, 금액은 얼마까지 조정해줄 수 있냐는 식이다. 심지어 일방적으로 얼마까지 깎아달라고도 한다. 하지만 금액 흥정은 그렇게 하는 것이 아니다. 정말 원하는 매물이라면 더더욱 이런 식의 접근은 추천하고 싶지 않다.

금액 흥정은 우선, 해당 매물의 금액이 충분히 조절된 금액인지를 먼저 확인해야 한다. 충분히 조정이 된 매물을 더 할인해달라는 요청은, 자칫 잘못하면 그 매물을 아예 시장에서 사라져버리게 할 수도 있는 위험이 있다. 예를 들면 이런 것이다.

1. 부동산 소유주가 현금이 급해서 모 공인중개사 사무소에 매도 의뢰

를 했다.

2. 너무나 현금이 급한 나머지 부동산 소유주가 본인이 의뢰한 매물의 금액에 대해 조금 더 낮은 금액으로 다시 매도 의뢰를 한다.

3. 그런데도 매수세가 없어서, 다시 본인이 의뢰한 매물에 대해 충분히 금액을 낮추어 매도 의뢰를 한다. 이제 더는 낮출 수 없는 금액까지 충분히 금액을 낮춰서 매도 의뢰를 한 것이다.

이런 경우 해당 매물에 대해 다시 가격 흥정을 요청한다면 계약 자체가 이루어지지 않을 가능성이 있다. 즉 부동산 소유주가 뿔나서 매물을 거두어버리는 경우다.

기본적으로 부동산 소유주는 본인의 소유 부동산에 대해 자부심이 크다. 본인 딴에는 더 이상 낮출 수 없는 금액까지 제시해가며 매도를 하려 하는데, 그 이하의 금액으로 더 조정을 해달라는 것은 그로서는 돈을 떠나 자존심이 상하는 상황인 것이다. 인간은 감정의 동물이다. 특히 부동산에 있어 이러한 성향은 더더욱 심하다. 감정이 상하면 모든 딜은 정지된다. 이런 경우 아예 매도를 하지 않겠다고 선언하는 경우가 생길 수 있다. 마지노선 이하의 금액 제시는 자칫 모든 고생을 물거품으로 만들어버리고 만다. 계약 한 건 한 건마다 고객들은 모르는 많은 절차와 수고가 있다. 그 단계, 단계에 수고한 노력이 허사가 되어버리는 순간인 것이다.

그래서 매 계약마다 유리를 다루듯 조심해야 한다. 이는 공인중개사뿐만이 아니다. 계약의 당사자들도 매 계약에 있어 신중한 자세를 취할 필요가 있다. 특히 임대차 계약의 경우, 임대인(부동산 소유주)은 계약 테이블에서 본인 소유의 부동산을 임차하게 될 사람이 어떠한 사람인지, 성향은 어떤지, 무례한 사람은 아닌지 집중적으로 의식하고 기억한다. 그러므로 계약 테이블에서는 허언, 즉 쓸데없는 말, 불필요한 언행은 되도록 자제하는 것이 모두에게 좋다. 계약의 흐름을 방해할 수 있기 때문이다.

다시 돌아와서 그렇다면 위와 같은 상황이 아닌 경우, 고객의 강력한 금액 흥정 요구가 있는 때에는 어떻게 계약을 진행하면 좋을까.

금액 흥정의 조건은 첫째, '고객(매수인 혹은 임차인)의 수중에 계약금이 있는지'가 관건이다. 간혹 계약금(매매로 치면 매매가의 약 10% 정도, 월세나 전세라면 보증금의 약 10% 정도) 정도의 현금이 전혀 없는 상태에서 금액 흥정을 하려는 고객들도 있다. 자금적인 부분으로 볼 때, 실질적으로 계약을 진행할 수 없는 상황인데도 무조건 금액부터 깎으려는 고객에게는 해당 매물에 대한 이해와 설득을 좀 더 시킬 필요가 있다.

둘째, 금액 흥정이 가능하다는 승산이 있는 경우이라면, '고객(임차인 혹은 매수인)의 수중에 반드시 계약금에 해당하는 현금이 있는지', '부동산 소유주로부터 계약 진행에 대한 동의를 얻음과 동시에 바로 고객의 계좌에서 계약금 송금이 가능한지' 두 가지를 살펴야 한다. (계좌이체 한도 등을 미리 확인 요청하는 것도 때에 따라서는 필요하다.) 이 두 가지 조건에 대해 고객(임차인 혹은 매수인)의 확답을 받은 뒤,

일을 진행해야 한다. 참고로 부동산 소유주에게 계약에 대한 동의를 얻은 뒤에는, 반드시 고객(임차인 혹은 매수인)의 계약금 송금 약속이 제때 이행되어야 한다. 이 약속이 이행되지 않는다면 고객 입장에서는 매물을 포기하거나 잠시 송금 이행을 지연하는 일일 뿐이지만, 공인중개사 사무소로서는 매도인 혹은 임대인의 신뢰를 잃는 일이 될 수도 있기 때문이다. 사실 이 부분이 부동산 계약에 있어서 가장 중요한 단계다.

이러한 일련의 과정이 있은 뒤, 계약 금액에 대한 조정이 가능한지 가늠해야 한다. 소위, 고객들이 바라는 금액 흥정은 이렇게 이루어져야 한다. 금액 흥정을 요구하는 고객의 계약에 있어서, 이러한 과정은 가장 조심히 다뤄야 하고 가장 예민한 단계이기도 하다.

공인중개사라면 이러한 절차 전에, 반드시 계약을 원하는 고객과 대면하고, 해당 매물을 고객에게 실제로 보여드린 다음 계약을 진행해야 한다. 공인중개사와 어떠한 대면도 없이 전화상으로만 금액을 흥정하는 고객에게 끌려 다녀서는 안 된다.

간혹 성격 급한 고객들은 해당 매물을 보지도 않고 계약금부터 입금하겠다고 하는데, 절대 말려야 한다. 이러한 계약은 꽤 위험할 수 있다.

05
계약금을 먼저 입금하는 사람이 이긴다

"계약금 입금하겠습니다. 계좌번호 안내 부탁드려요."

이 말은 본격적으로 계약이 진행됨을 알리는 신호탄이다. 고객의 입에서 이 말이 나온 뒤, 비로소 계약이 시작된다고 보면 된다.

최근에 젊은 고객 분의 전셋집을 계약한 적이 있었다. 그 고객은 "집이 마음에 드는데요. 그다음은 뭘 해야 하나요?"라고 질문했다. 간혹 젊은 고객 중에는 집을 보고 마음에 드는데, 그다음 무슨 말을 해야 할지 잘 몰라 어리둥절해하는 분들이 있다.

그때는 공인중개사에게 "계약하고 싶어요" 혹은 "계약금 입금하겠습니다"라고 하면 된다. 사실 간단한 말인데, 부동산 계약 자체를 할 일이 자주 없는 일반인으로서는 당연한 일이다.

고객이 계약 체결의 의사를 표현하면, 공인중개사는 부동산 소유주에게 연락한다. 그리고 임대차 계약을 원하는 고객의 거주 기간, 계약하고 싶어 하는 금액, 입주일, 전월세 여부 등을 알린다.

부동산 소유주가 이에 동의하면, 공인중개사는 부동산 소유주에게 부동산 소유주 명의의 계좌번호를 요청한다. 실무상 예외가 있긴 하지만, 가능한 한 부동산 소유주 명의의 계좌번호로 계약금을 입금하는 것을 추천한다.

공인중개사는 계좌번호를 받고 나서, 해당 부동산의 등기부등본과 건축물대장 등을 새로 발급 받아 확인한다. 물론 그전에 이러한 서류 등을 확인했겠지만 다시 한 번 더 확인한다. 또한 계약금 입금 직전에도 반드시 등기부등본과 건축물대장을 다시 발급받아 확인해야 한다.

대부분 등기부등본만 확인하면 된다고 생각하지만 그렇지 않다. 건축물의 경우, 꼭 건축물대장까지 확인해야 한다. 특히 사무실이나 상가의 경우는 더더욱 반드시 확인해야 한다. 건축물대장상의 문제 때문에 사업자등록증이 나오지 않는 경우가 있을 수 있다.

그리고 부동산 소유주로부터 받은 부동산 소유주 명의의 계좌번호를 계약하고자 하는 고객에게 전달하여 소정의 계약금을 입금하도록 안내한다. 이것이 계약을 진행하는 초기 단계의 과정들이다.

그렇다면 계약이 진행되기 전에는 어떠한 과정이 있을까. 우선 매도인 혹은 임대인이 여러 공인중개사 사무소에 매도의뢰 혹은 임대의뢰를 한다. 이후 여러 공인중개사 사무소 중에서, 계약을 원하는 고객을 보유한 공인중개사 사무소가 계약을 진행하게 된다.

보통 부동산 소유주는 최소 두 곳 이상의 공인중개사 사무소에

중개의뢰를 한다. 물론 요즘은 '전속중개계약'이라고 해서, 자주 왕래하고 믿을 만한 공인중개사 사무소에만 중개 요청을 하는 경우도 많아졌다. 이런 경우, 전속중개의뢰를 받은 공인중개사 사무소는 해당 의뢰 매물에 대해 여타 매물보다 먼저 계약이 될 수 있도록 적극적으로 애를 쓴다.

각각의 공인중개사 사무소들은 계약이 성사될 수 있도록 광고를 하고, 고객과 만나 브리핑을 한다. 이때 각각의 공인중개사 사무소의 고객 중 진심으로 계약을 원하는 고객들은 서로 경쟁 구도를 갖게 된다. 고객도 다른 고객과 경쟁해야 한다는 뜻이다.

예를 들면 이러하다.

1. A라는 공인중개사 사무소에서 해당 부동산 매물에 대해 브리핑을 받은 고객 '햇님이'가 있다. '햇님이'는 해당 매물을 마음에 들어 계약을 하고자 한다.

2. '햇님이'가 해당 부동산에 대해 브리핑을 받을 때쯤 비슷한 시기에 B라는 공인중개사 사무소에서 해당 부동산 매물에 대해 브리핑을 받은 고객 '달님이'가 있다. '달님이'도 해당 매물을 마음에 들어 계약을 하고자 한다.

이러한 경우 햇님이와 달님이는 해당 매물에 대해 경쟁 관계라고 볼 수 있다. 부동산 소유주는 이 둘 중 한 명과 계약을 하게 될 것이다. 그렇다면 해당 부동산에 대해 계약자가 되는 사람, 즉 이 경쟁 구도에서 승리자가 되는 사람은 과연 누구일까. 정답은 '부동산 소유주에게 가장 먼저 계약금을 송금한 사람'이다.

부동산은 계약금을 먼저 입금하는 사람이 이기는 게임이다. 누가 가장 먼저 계약금을 입금하는지에 따라 계약의 주인공이 달라진다. 심지어 이런 결정은 분초를 다투기도 한다. 계약금을 송금해야 일이 진행된다고 봐도 과언이 아니기 때문이다. 그만큼 부동산 계약을 진행하는 데 있어서 계약금 송금은 중요하다.

그러다 보니 브리핑한 부동산 매물에 대해 호의를 보이는 고객에게, 공인중개사 사무소는 계약금 송금 등이 빠르게 진행될 수 있도록 안내한다. 고객이 진심으로 마음에 들어 한 매물을 여차하면 다른 공인중개사 사무소에서 모셔 온 고객한테 뺏길 수 있기 때문이다.

실제로 올 초, 나의 고객에게도 이러한 일이 일어난 적이 있었다. 해당 매물은 양재동에 있는 주상복합 반전세 매물(보증금이 일반적인 월세 보증금보다 많으면서, 대신 월세 금액이 조금 적은 매물)이었다. 사실 반전세는 잘 나오지 않는 귀한 매물에 속했는데, 게다가 주인분이 집을 엄청 예쁘게 인테리어를 해놓아서 고객이 굉장히 마음에 들어했다. 그래서 계약금을 입금하기 위해 부동산 소유주의 계좌번호를 받아 고객에게 전달했다. 고객이 계약금 입금만 하면 계약은 정상적으로 순탄하게 성사될 수 있는 건이었다. 하지만 이 고객은 계약을 할 수 없었다. 계약금 송금을 지체했기 때문이다.

사실 나의 고객은 모 회사의 임원 분이었는데, 자택과 회사의 거리가 상당해서 그녀의 회사에서 가까운 주택을 임차해서 제공하기로 한 경우였다. 그러다 보니 회사 내부적으로 여러 사람의 승인이 필요했다. 당연히 승인 과정에서 계약금 송금 이체까지 꽤 많은 시간이 소요되었고, 그때쯤 다른 공인중개사 사무소를 통해 집을 본 고객이 계약금 송금을 먼저 했던 것이다.

물론 조직이 큰 회사일수록 많은 승인 절차가 필요하고, 그만큼 꽤 많은 시간이 소요된다는 것을 잘 알고 있다. 그래서 우선 그 고객의 사비로 계약금을 송금하고, 나중에 회사의 승인을 얻어 자금을 진행하자고 고객에게 요청을 드렸었다.

하지만 고객은 내 요청을 거절했다. 굳이 번거롭게 그렇게 할 것 없을 것 같다며, 빨리 자금이 이체될 수 있도록 회사 내 관련 부서에 연락을 취해놓겠다고 했다. 이때부터 나는 걱정되기 시작했다.

고객들이 생각하기에 부동산 계약은 그리 크게 분초를 다툴 일이 없을 것이라고 생각하지만, 전혀 그렇지 않다. 특히 다른 매물들에 비해 조건이 좋은 매물은 더더욱 그러하다.

그런데 간혹 '느긋하게 오늘 오후나 내일 아침 넘어서 점심 먹고 계약금 넣으면 되지. 금방 집이 나가겠어?'라고 편하게 생각하는 고객들이 더러 있다. 하지만 부동산이란 본디 계약이 안 될 때는 정말 안 되지만, 계약 체결이 될 때는 금방 계약되는 경우가 많다.

또, '내일 계약금을 입금할 테니 기다려주세요'라고 요청하는 고객들도 있는데, 결론적으로 이야기하자면 불가능하다. 다른 공인중개사 사무소를 통해서 오는 고객까지 우리 공인중개사 사무소가 관리할 수는 없기 때문이다. 그래서 공인중개사 사무소는 진심으로 해당 매물을 얻고자 하는 고객에게는 계약금 송금을 빨리 요청하여 진행하는 편이다.

그런데 간혹 고객 중에는 계약금 송금을 빠르게 진행하는 공인중개사 사무소를 '중개수수료를 벌기 위해 계약을 빨리 체결하도록 서두르는 걸 거야'라고 생각하는 분들이 있다. 고객을 돕기 위한 의도를 고객이 오해한 경우다. 이런 이유로 계약금 송금에 대해 너무 적극적으로 어필하지 않는 경우도 더러 있다.

경쟁력이 있는 매물, 내가 마음에 드는 매물은 남이 보기에도 마음에 드는 매물일 가능성이 높다. 그렇기 때문에 정말 귀한 매물은 고객이 빨리 계약금 송금을 진행하도록 권유하는 것이다.

어느 공인중개사나 가능한 한 내 고객이 마음에 들어 하는 매물을 다른 공인중개사 사무소의 고객에게 뺏기고 싶지 않아 한다. 다른 것도 아니고 계약금을 먼저 입금하지 못해서, 고객과 한 팀이 되어 발품을 팔고 열심히 매물을 보여드리고 브리핑한 것이 모두 허사가 되는 것은 너무 허망한 일이기 때문이다.

06
옷다운 옷을 입어야 한다

"이 사장님, 안 더우세요? 삼복더위인데 재킷을 왜 입고 계세요? 보는 제가 다 덥네요."

한여름 삼복더위 때, 알고 지내는 후배 공인중개사 사장이 나에게 한 말이다. 물론 여름은 덥다. 푹푹 찌는 여름임에도 (얇은 소재의 재킷이지만) 굳이 긴 재킷을 입는 것은 내 나름의 이유가 있다. 그래서 나는 다음과 같이 대답했다.

"고객을 만나는데, 소매가 짧은 옷을 입고 있는 건 예의가 아니라고 생각해요. 고객의 신뢰를 얻기도 어렵고요."

나는 사실 재킷 입는 것을 좋아한다. 친구들을 만날 때도 정장 재킷을 입고 나가기도 한다. 사람들은 편한 옷 말고 왜 정장 재킷을 입느냐고 가끔 물어보지만, 내가 재킷을 좋아하기도 하고 익숙해져서 그런지 몰라도 딱히 정장이 불편한 것도 잘 모르겠다.

내 스타일과는 반대로 내게 위와 같은 질문을 한 후배 사장은 엄청 프리한 스타일의 복장으로 업무를 본다. 동네 어디에서라도 만날 수 있는 친근한 아주머니와 같은 차림을 한다. 게다가 본인은 열이 많은 체질이라며 노출이 심한 복장을 주로 입는다.

하지만 그러한 복장으로는 고객의 신뢰는 둘째 치고, 결정적으로 그녀가 공인중개사로서 고객에게 하는 브리핑에 힘을 실을 수 없다. 이러한 복장은 많은 실무 경험과 매물에 대한 깊은 이해를 고객에게 전달하거나 어필하기에도 부적합하다. 인간은 누가 뭐라고 해도 결국 시각적인 동물이기 때문이다.

얼마 전 〈세바시〉라는 프로그램에서 '어무이 양곱창' 신선희 사장의 강연을 본 적이 있다. 그 강연은 그녀의 사업 성공에 대한 내용이었다. 나는 비록 요식업에 대한 깊은 이해는 없지만, 그녀의 강연을 통해 그녀가 겪었을 숱한 고민들, 지속적인 사업의 성장을 위해 고군분투하던 날들, 고객을 향한 그녀의 진심 등을 간접적으로나마 짐작할 수 있었다.

특히 강연 중 굉장히 인상 깊었던 내용이 있었다. 그녀는 이날 강연에 새하얗고 우아한 드레스 느낌이 나는 원피스를 입고 출연했는데, 신선희 사장은 그날의 복장이 그녀가 사업장에서 평상시에 양곱창을 구울 때 입는 옷이라고 청중에게 설명했다.

이어서 그녀가 말하길, 양곱창을 그런 예쁜 의상을 입고 구워드렸더니 많은 고객들이 그녀에게 이렇게 질문했다고 한다. "사장님, 옷이 불편하시지 않으세요? 옷 버릴 것 같아요!" 하지만 그녀는 이렇게 대답했다고 한다. "귀한 손님 귀하게 대접해드려야죠. 그래서 제가 먼저 차려입고 귀한 고객을 맞이하는 겁니다."

이런 그녀의 대답에 고객들은 양곱창이 훨씬 더 맛있게 느껴진다며 호응했고, 점차 고객들로부터 신뢰를 얻었다고 했다. 물론 그녀의 사업 성공의 비결이 단순히 예쁜 옷을 입고 고객을 맞이했던 것에만 있지는 않다. 그럼에도 그녀의 강연은 내게 깊은 인상을 남겼다.

다시 본론으로 돌아와서, 지역마다 다를 수 있지만 서울 강남의 경우 대부분 부동산 매물들의 금액이 최소 10억 전후부터 시작한다. 브랜드 아파트의 경우는 대부분 금액 대가 20억 전후부터 시작이다. (물론 소형 오피스텔이나 원룸들은 보통의 경우 5억 미만이다.)

양곱창 가격이 정확히 얼마인지 모르겠지만, 한 테이블에서 고객한 팀이 최대 많은 양곱창을 주문한다고 해도 주문 금액이 10억을 넘지는 못한다. 그렇다. 공인중개사는 최소한 억대급 매물의 거래를 이끌어 나가는 사람들이다.

그런데 일부 공인중개사들은 자신의 업무에 대해 그 무게를 잘 못 느끼는 듯하다. 동종업계의 한 사람으로서 아쉬울 뿐이다.

그런데 얼마 후 그 후배 공인중개사는 어느 순간부터 나를 따라하기 시작했다. 그녀가 작은 목소리로 "나도 계약 때에는 정장 재킷을 입어야지"라고 말하는 것을 우연히 들었는데, 그녀가 보기에 '나의 복장이 외관상 좀 괜찮았나?'라는 생각이 들어서 내심 기분이 좋았다.

복장의 중요성은 공인중개사와 그 직원들에게만 국한하지 않는다. 계약 당사자인 고객들에게도 마찬가지로 해당한다.

예를 들면 임대차 계약을 맺는 날을 들 수 있을 것 같다. 대리인을 보내지 않는 보통의 경우 부동산 소유주와 임차를 희망하는 고객이 만나 서로 인사도 하고, 계약서를 작성한다. 그런데 이때 임대인 혹은 임차인이 너무 프리한 스타일의 복장이라면, 상대방은 본인이 임대인이든 임차인이든 은연중에 상대방을 조금은 쉽게 대하거나 존중하지 않는 경향을 보일 수도 있다.

물론 모든 사람이 이러한 인식을 갖지는 않는다. 사람을 겉모습으로 판단하는 그릇된 경향을 보여서도 안 될 것이다. 모든 이는 존중받아야 하고 고귀한 존재니까. 하지만 계약 금액의 크고 작음을 떠나, 중요한 서류를 작성하는 날이지 않은가. 점잖고 단정할 필요가 있는 날로 인식하는 것이 서로에게 좋은 기분을 줄 수 있다.

특히 임대인의 입장에서 임차인은 소중한 임대 수익을 가져다주는 캐시카우 같은 존재다. 귀한 캐시카우는 귀하게 대접해야 한다.

임차인도 마찬가지다. 간혹 임차인의 행색이 프리하다 못해, 심하게 단정하지 못하다면 임대인으로부터 괜한 불안을 사게 된다. '혹시 불량한 사람이려나?' '과연 월세를 잘 내려나?' '속을 썩이진 않을까?' 등의 걱정을 임대인은 하게 된다. 그리고 이러한 감정이 곱지 않은 시선 혹은 태도로 이어져 임차인을 대할 수도 있다.

그렇다면 계약할 때 어울리는 복장은 어떤 옷일까. 물론 멋지고,

비싼 명품 브랜드의 옷이라면 더 근사해 보일 수 있다. 하지만 필수
는 아니다. '점잖거나 튀지 않고 평범한 옷, 혹은 적어도 노출이 적
은 옷'이면 된다. 이는 서로에 대한 예의이다.

　물론 사람을 겉모습만 보고 판단해서는 안 된다. 그리고 겉모습
만으로 판단할 수도 없다. 하지만 그럼에도 불구하고 많은 이들은
겉모습에서 풍겨져 나오는 이미지로 상대를 예측하려고 판단하
려는 본능이 있다. 우리는 이 점을 기억해야 한다.

약속을 자꾸 변경하면 안 된다

아무리 보잘것없더라도 한 번 약속한 일은 상대방이 감탄할 정도로 정확하게 지켜야 한다. 신용과 체면도 중요하지만, 약속을 어기면 그만큼 서로의 믿음이 약해진다. 그래서 약속은 꼭 지켜야 한다.

미국의 철강 재벌 앤드루 카네기가 한 말이다. 그는 사업에 있어서, 약속 지키는 것을 금과옥조같이 여겼다고 한다. 그리고 그의 말은 단순히 사업의 영역에서만 국한되어 적용되지는 않는 것 같다. 부동산 시장에서도 동일하게 적용되기 때문이다.

부동산 계약은 '약속의 연속'이다. 그만큼 약속이 많기도 하고 이행도 중요하다. 어쩌면 부동산 계약은 '약속의 집합체'라고 불러도 좋을 것 같다.

그렇다면 부동산 계약에 관한 중요한 약속들은 무엇이 있을까. 크게는 '날짜 약속', '시간 약속', '금액 약속', '특약사항에 대한 약속' 4가지로 구분할 수 있을 것 같다.

첫째는 '날짜 약속'이다. 말 그대로 며칠에 계약금 중 일부를 송금하고, 며칠에 만나서 계약서를 작성하고, 며칠에 계약금 중 나머지 전부를 송금하고, 며칠에 중도금을 입금하고, 며칠에 잔금을 입금할지, 며칠에 이사를 올지, 며칠에 이사를 갈지, 며칠에 이삿짐을 모두 뺄 것인지 등을 결정하는 약속이다.

둘째는 '시간 약속'이다. 몇 시에 계약금 일부를 송금하고, 몇 시에 만나서 계약서를 작성하고, 몇 시에 계약금 중 나머지 전부를 송금하고, 몇 시에 중도금을 입금하고, 몇 시에 잔금을 입금할지, 몇 시에 이사를 올지, 몇 시에 이삿짐을 다 뺄지 등을 결정하는 약속이다.

셋째는 '금액 약속'이다. 계약금액을 얼마로 결정할지, 계약금은 얼마로 결정할지, 보통 10%라고는 하지만 예외적으로 더 큰 금액이나 더 작은 금액으로 결정할지, 중도금은 얼마로 결정할지, 잔금은 얼마로 결정할지, 혹여 조정될 수 있는 여지가 있다면 가능할지 등을 결정하는 약속이다.

넷째는 '특약사항에 대한 약속'이다. 부동산 계약을 할 때, 대부분 계약서를 작성한다. 물론 법적으로 계약서를 꼭 작성해야 계약이 성립되는 것은 아니다. 하지만 계약에 명확성과 무게감을 싣기 위해 모두들 계약서라는 종이를 작성한다. 이 계약서에는 여러 가지 내용이 들어가지만, 그 계약을 다른 계약들과 구별하여 유일하게 만드는 사항이 '특약사항'란이다. 이 특약사항의 내용은 매 계약마다 조금씩 다르며, 계약 당사자들이 하고 싶은 말, 원하는 내용들을 기입한다.

위 4가지의 약속들은 반드시 제때 지키고 이행해야 한다. 한 번 정하면 되도록 변경하지 않는 것이 좋다. '약속은 지키는 것'이라는 것을 모르는 사람은 없을 것이다. 그럼에도 약속을 지키지 않는 상황 혹은 지연되는 상황이 때때로 있기 마련이다.

물론 일부러 그런 것도 아니고 불가피하게 생기는 해프닝이기 때문에, 대부분 서로 이해하고 넘어간다. 그래서 크게 문제가 되지 않을 때가 더 많다. 이 세상은 혼자 살아가는 것이 아니기 때문이다. 서로서로 조금씩 양보하며 살아가는 것이 모두에게 편하다.

하지만 성격이 FM적인 사람들이 있기 마련이다. 이들은 본인에게도 엄격하기 때문에, 남들에게도 엄격한 잣대를 들이댄다. 그래서 약속이 제때 이행되지 않는 경우, 꽤 예민해진다. 그리고 이러한 약속 이행에 대해 상대방이 추가적으로 변동을 요구한다든지, 추가적 지연이 있을 때 본격적으로 분노하기 시작한다.

부동산 시장은 실질적으로 돈이 오가는 현장이기 때문에 사람은 더욱더 예민해질 수 있다. 그리고 이러한 FM적인 상대방의 기분을 지속적으로 나빠지게 하는 경우, 계약의 분위기는 험악해질 수 있다. 사실 꼭 FM적인 사람이 아닌 일반적인 사람이라고 해도, 상대방이 자꾸 계약 변동이 일어나는 행동을 한다면 썩 유쾌하지는 않을 것이다. 그리고 이러한 일들은 계약 당사자들에게 부정적인 분위기를 불러일으킨다.

공인중개사뿐만 아니라 계약의 당사자는 부동산 계약에 있어 약속의 무게를 무겁게 느껴야 한다. 너무 쉽게 약속을 바꾸거나 변경을 요청하거나 하는 것은 모두에게 득이 없다. 상대방도 피곤하고, 신용 없는 사람으로 낙인찍힐 일도 생기게 된다. 심하면 험한 말이 오가기도 한다. 그러다 보니 감정이 상하는 일도 생긴다.

아주 기본적인 이야기지만, 부동산 계약에 있어 우리는 약속을 잘 이행해야 한다. 위에 언급한 4가지의 약속만 잘 지켜도 부동산 계약은 순항을 하게 될 것이다.

08
분쟁의 씨앗이 되는 언어를 피해야 한다

나는 요즘 사마천의 『사기열전(史記列傳)』를 다시 읽고 있다. 이 책은 대표적인 인문학 스테디셀러 고전으로, 당시 수많은 인재들의 활약상과 삶을 어떻게 살 것인가 하는 근원적 문제에 대한 통찰력을 배울 수 있는 유익한 책이다. 이 책에는 「평원군열전(平原君列傳)」이라는 재미있는 이야기가 있는데 내용은 다음과 같다.

진나라가 조나라의 수도인 한단을 포위하자, 조나라 왕은 초나라와의 연합을 맺어 진나라를 격퇴하려고 했다. 이에 조나라 왕은 초나라에 보낼 특사로 평원군이라는 사람을 임명했다. 왕의 명을 받은 평원군은 본인을 따르는 이들 중 20명을 뽑아 초나라에 갈 준비를 했다. 그러나 마땅한 인물이 없어 마지막 한 명을 뽑는 일에 고심하고 있었는데, 뜬금없이 (평원군을 따르는 사람 중 가장 존재감이 없던) 모수라는 이가 자신도 함께하고 싶다고 평원군에게 요청을 해 왔다. 하지만 그동안 아무런 존재감도 없던 모수가 국가적으로 중차대한 일인 초나라행을 같이 하고 싶다고 요청하자, 평원군은 낭

중지추를 들먹이며 모수의 요청을 무시하고 거부했다. 그러자 모수가 이제는 본인의 존재감을 나타내 보일 테니 기회를 달라며, 부디 초나라행을 같이하고 싶다고 재차 평원군에게 요청했다. 이에 평원군은 모수를 포함한 식객 20명을 데리고 초나라로 향했다. 그러나 초나라에 도착한 평원군은 안타깝게도 초나라 왕과의 회담에서 별 성과를 거두지 못한 채 낙심에 빠지게 되었다. (아무래도 초나라 왕으로서는 조나라와 진나라의 싸움을 강 건너 불구경한다는 느낌으로 지켜보고 있었던 것 같다.) 평원군은 혹시나 하는 마음에 모수에게 묘안이 있는지 물어보았다. 그러자 모수가 카리스마 있게 칼을 빼들고 초나라 왕에게 나아가 왕을 위협하며, 이번 연합에 대한 일은 조나라만을 위한 연합이 아닌 초나라를 위한 연합이기도 하다며 초나라 왕을 설복시켰다. 목숨을 건 모수의 말 몇 마디는 초나라 왕과의 회담을 긍정적으로 이끌었고, 나라에 큰 공을 세운 것은 물론 백만 군대의 위력으로도 되지 않을 일을 말로써 상대를 설득하여 뜻을 이룬 것이었다. 이는 세 치 혀가 그만큼 강력한 무기가 될 수 있음을 보여주는 대표적인 일화라고 할 수 있겠다.

부동산 계약에도 이 '세치 혀'는 꽤 막강한 힘을 발휘한다. 특히 부정적 상황에서, 그보다 더한 부정적 상황을 가져오는 마법의 언어가 존재한다. 수억의 자금이 오가는 부동산 관련 계약에 있어서, 세치 혀는 정말로 조심해야 할 도구이다. 말실수를 잘 저지르는 사람이라면, 차라리 이러한 부동산 관련 사안에 대해서만큼은 말수를 줄이는 것도 좋은 방법이다.

그렇다면 부동산 관련 계약 등에 있어서, '부정적 상황에서 더 부정적 상황을 가져오는 분쟁의 씨앗이 될 만한 말들'은 어떤 것들이 있을까.

가장 파급력이 강한 말들을 3가지 정도 뽑아보자면 다음과 같다.

1. 타인 소유의 부동산 금액을 예측해서 함부로 언급하는 예: 전세가가 올랐다고 해도, 시세로 3억 1000~2000만 원 정도잖아요. 금액 올려드리고 계속 살게요.

2. 방어를 위해 상대를 위협하는 예: 이거 '갑질'하는 거 아닌가요?

3. 법의 논리로 대응하는 예: 법대로 하죠. ('소송', '내용증명'이란 단어들이 들어간 대화들 포함)

이러한 말들을 하고 싶다면 그전에, 정말로 심사숙고하기 바란다. 별말 아닌 말들이라고 생각하는 사람들도 있겠지만, 이 말들은 심각한 분쟁을 가져오는 말이 되기 때문이다. 물론 이런 말이 누군가의 입에서 나오기 전에 이미 분쟁이 있었을 수도 있다. 하지만 이러한 말들은 그 분쟁을 좀 더 확실한, 그리고 '더 큰 분쟁'으로 발전시킨다.

1번은 올 초 모 지역에 이주 수요가 넘치면서, 기존 전셋집을 떠나게 된 고객의 사연이기도 하다. 그 고객은 2억 후반 대의 전셋집에 살고 있었다. 때가 되어 전세 계약 만기가 돌아왔는데, 자녀들의 학업 문제로 고객은 그 집에 계속 살기를 원했다. 그래서 계약 연장을 집주인에게 요청했다.

하지만 집주인은 넘치는 이주 수요를 감안해서, 기존 임차인의 전세 계약 만기 이후 현 시세대로 3억 5천 전후의 금액으로 다음 전세 임차인을 맞추려고 계획하고 있었다. 그래서 임차인의 계약 연장을 거절했다. 고객의 전세 계약 만기가 가까워 왔을 때쯤, 그 지역의 이주 수요가 넘치면서 전세가가 오르기 시작할 때였다.

그 고객은 다시 집주인에게 전화를 해서 이렇게 말했다고 한다.

"시세가 잘해 봐야 3억 초반 대인데 무슨 3억 5천이에요?"

이 말은 화근이 되었다. 집주인도 나의 고객이었기 때문에 그분의 성향을 대략 알던 나는 솔직히 현 임차인과 재계약을 하고 무난하게 계약 연장이 될 것이라고 생각했다. 하지만 임차인의 저 말이 임대인을 너무 화나게 했던 것이다. 대부분 부동산 소유주들은 자신 소유의 부동산에 대해 임차인이 금액적으로 평가하는 것을 굉장히 싫어한다.

부동산 시장은 공급이 탄력적이지 못하다. 임대인은 시장의 공급자라고 볼 수 있다. 굳이 시장의 공급자를 화나게 할 필요는 없었다. 적절히 회유하는 편이 나았다.

아마도 임차인 고객은 본인이 한 말이 임대인을 그렇게까지 기분 나쁘게 한 말이라고는 생각하지 않았을 것이다. 하지만 그 말의 대가는 꽤 컸고, 임차인 고객은 더 좁은 집으로 전셋집을 옮길 수밖에 없었다.

2번과 3번은 정말이지 '맨 끝'에 가서나 할 만한 말들이다. 그런데도 종종 어떤 사람들은 생각보다 쉽게 저런 말을 입에 담는다. 그냥 다른 사람에게 적당히 겁만 주자는 용도로 사용하기에는 걷잡을 수 없을 정도로 빠르게 상황을 부정적으로 만들 수 있는 강력한 무기가 될 수 있다.

아직 '사생결단'까지는 생각하지 않는 단계라면 저런 말을 사용하지 않기를 바란다. 파급력이 매우 강한 말이다. 그리고 가능한 한 '맨 끝'까지 가지 않도록 그전에 멈추어야 한다. 분쟁은 정신적인 스트레스도 스트레스지만, 시간도 많이 뺏기고 생각지도 못하게 꽤 '많은 돈'이 나가게 만들기 때문이다.

우리나라에 '호미로 막을 것을 가래로 막는다'는 속담이 있다. 적은 힘으로 충분히 처리할 수 있는 일에 쓸데없이 많은 힘을 들이는 경우를 비유적으로 이르는 말이다.

사실, 부동산과 관련하여 생기는 어떠한 분쟁도 거의 호미 정도로 마무리할 수 있는 일이 많다. 왜냐면 부동산 관련 분쟁은 사람의 생사를 가르는 문제도 아니고, 돈으로 해결되는 일이 다반사이기 때문이다. 다만 그 돈을 아끼려고, 혹은 그 돈을 타인의 주머니에서 자신의 주머니로 끌어오기 위해 저러한 말들이 사람들 사이에서 오가는 것이다.

물론 몇몇 사람들은 이렇게 생각할 것이다.

'아니 무슨 대단한 것도 아니고, 그런 말도 못하고 살아야 하나?'

하지만 부동산 계약이나 거래와 관련 문제를 자신에게 유리하게 만들기 위해서는, 피곤하고 수고롭겠지만 영특하게 행동할 필요가 있다.

특히 을의 입장인 경우 더욱 그러하다. 내가 원하는 것을 손에 넣기까지는 지루하지만 차분하고 끈질기게 상대를 회유하는 자세가 때에 따라서는 필요하다.

잊을 건 제발 잊어라. 그리고 다시 힘을 내라

'인간은 망각의 동물'이라고 한다. 그만큼 잘 잊는다는 뜻일 것이다. 행복하고 좋았던 일을 잊는다는 건 조금 애석하지만, 슬픈 일이나 싫었던 일을 잊게 되는 것은 망각세포에게 고마워해야 할 것 같다. 그런데 이 망각세포가 조금은 적극적으로 필요한 순간이 있을지도 모르겠다. 바로, 부동산과 관련해서 말이다.

많은 사람이 부동산과 관련하여 오해하는 사실이 있다. 사람들은 '돈만 있다면, 언제고 마음에 드는 최고의 부동산을 살 수 있다'고 생각한다. 하지만 사실은 그렇지 않다. 어떠한 부동산의 주인이 된다는 것은 그 부동산과 '인연'이 있어야 한다. 이는 단순히 돈이 있고 없고의 문제가 아니다. 부동산을 거래하는 데에는 반드시 여러 가지 부수적으로 '따라줘야 하는 것들'이 있다. 예를 들자면 다음과 같다.

1. 아무리 좋은 부동산을 알아보는 안목이 있다 한들, 내 주머니 사정도 따라줘야 한다.

2. 금융기관과의 협조, 즉 대출 가능 여부도 따라줘야 한다.

3. 때에 따라서는, 해당 부동산을 마음에 두고 있는 다른 사람과의 경쟁도 피할 수 없다. 경쟁에서 이길 수 있는 운도 따라줘야 한다. 이따금 그 경쟁에서 지는 경우도 있는데, 보통은 계약금 입금이 늦어져서인 경우가 많다.

4. 내 주머니 사정과 대출 등 여타 다른 좋은 조건이 갖추어진 상태라도, 시장에 매물이 말라버린 시기를 만날 때도 있다. 나의 여력은 충분하지만 시장이 안 따라주는 경우가 대표적이다. 돈이 있어도, 돈이 가야 할 곳을 찾지 못하는 것이다. 좋은 시기를 만나는 운도 따라줘야 한다.

5. 매도의 경우도 마찬가지다. 내 부동산을 매도하려고 해도, 내 부동산을 구경 오는 이가 한 명도 없을 때가 있다. 그리고 그 기간이 조금 길어질 때도 분명 있다. 현금화가 급한 경우라면 참으로 힘든 시기라고 볼 수 있다. 매도에 있어서도 고객이 많이 와주는 운이 따라줄 필요가 있다.

6. 내 소유의 부동산을 팔려고 했으나, 생각지도 않은 방해꾼들이 나타나기도 한다. 예를 들어, 내 부동산을 사려고 한 사람의 주변인이 그 부동산을 매입하는 것은 좋지 않다며 매수를 희망하는

사람에게 재차 포기를 권유하는 경우가 대표적이다.

물론 정말 좋지 않은 매물임을 알아보고 훈수를 두는 경우도 있지만, 그렇지 않은 경우도 꽤 많다. 모든 부동산은 각각 단점이 있는가 하면 장점도 있다. 장점만 보아서도, 단점만 보아서도 안 된다. 어떤 부동산이든 그 쓰임은 있고, 그 위치에 그 부동산을 꼭 필요로 하는 사람은 반드시 있다. 이런 경우, 매수인의 강한 의지가 따라줘야 거래가 진행된다.

7. 내가 진심으로 매수를 원한 매물이었으나 국제적인 이슈 혹은 정책적 이유로 원치 않게 포기할 수밖에 없는 경우도 간혹 생긴다. 대출이 막힌다든지, 전쟁 관련 이슈가 생긴다든지 하는 등의 케이스가 여기에 포함될 것이다. 국내외적 정세도 따라줘야 한다.

이런 점으로 보았을 때, 부동산과 관련된 결정은 결국 '운'이 따라줘야 한다고 볼 수 있다. 작은 규모의 돈을 버는 것은 노력과 성실만 있어도 어느 정도 가능하지만, 뭉칫돈과 관련된 일은 역시 운이 따라줘야 진행된다.

예전에 나의 고객 중 한 분은 주상복합 매물을 여러 채 보고 그중 최종적으로 모 주상복합을 선택했다. 그러나 부득이 계약금 입금의 지체가 있었다. 할 수 없이 그 매물을 포기해야 했다. 이런 경우는 돈이 부족했던 것도 아니고, 그저 운이 안 따라줬다고밖에는 달리 해석의 여지가 없었다.

부득이 차선의 부동산을 구해야 했다. 하지만 내 고객은 그녀가 마음에 들었던 그 매물을 계속 잊지를 못하고 있었다. 그래서 계속 그녀가 마음에 들어 했던 그 매물과 최대한 비슷한 매물을 찾고 또 찾고 또 찾았다. 하지만 그런 매물은 나오지 않았다.

그녀는 그 매물을 잊지 못하겠다며, 그와 비슷한 매물이 나오거든 꼭 연락을 달라고 했다. 하지만 그녀가 마음에 들었던 매물은 정말이지 독특했다. 그 매물 근처 위치에 그와 동일한 매물은 더 이상 시장에 나올 수가 없었다.

경매의 경우도 들어볼 수 있을 것 같다. 경매는 말 그대로 눈에 보이는 경쟁자들과 한날한시에 만나 누가 더 많은 금액을 입찰 서류에 써내는지 경쟁하는 게임이다. 그러다 보니 조금이라도 남보다 더 높은 금액을 써야 이길 수 있다.

게다가 경쟁자는 몇 명일지, 얼마나 높은 금액을 써낼지 예상도 할 수 없기 때문에, 내가 생각했던 금액보다 조금 더 높게 입찰 금액을 써보고 싶은 욕심이 자꾸 들기도 한다.

한 가지 팁을 말하자면, 경매는 내가 남들보다 더 비싼 금액을 써낸다는 각오를 하고 들어가야 한다. 돈을 아끼겠다고 타이트하게 예산을 잡으면 다른 경쟁자들에게 패배한다.

아무튼 이러한 경매 시장에서 예산을 조금 타이트하게 잡고 입찰을 진행한 적이 있는데, 결국 그 경매의 낙찰자는 내가 아니었다. 물론 때때로 경쟁에서 질 수도 있는 일이지만, 경매에서 연이어 몇 번

패배한다면 그 트라우마는 꽤 오래 간다.

하지만 이럴 때일수록 우리는 망각의 힘을 소환해야 한다. 잊을 건 잊어야 한다. 아니, 잊도록 노력해야 한다. 그렇지 않으면 분노를 주체하지 못하는 상황이 올 수도 있다. 길을 걷다가도 씩씩거리며 걷게 될 수 있다. 화병이 생기는 전조라고 보면 된다.

어쩌면 한동안은 부동산의 '부'자도 싫어질 것이다. 부동산 책이고, 기사고, 칼럼이고, 뉴스고, 동영상이고 다 부질없게 느껴지면서 짜증이 솟구치는 날도 있을 것이다. 그렇지만 힘을 내야 한다. 여기에서 멈추면 영영 다시 메워지지가 않는다. 다시 정신을 차리고 마음을 가라앉혀야 한다.

내 책상에는 정신적으로 힘들 때 가끔 보려고, 책상 위에 붙여놓은 글귀가 있다. 도널드 트럼프의 저서 『트럼프 승자의 생각법』에 나온 글인데, 나는 이 글을 보고 때때로 힘을 얻곤 한다. (도널드 트럼프에 대한 평가는 차치하고 나는 그의 좋은 점만 배울 생각이다.)

다시 힘을 내라. 가끔은 도전 과제들이 당신을 쓰러뜨릴 것이다. 계획이 무산될 수도 있고, 한동안 목표를 이룰 수 없을 수도 있으며 그저 중도에서 우뚝 멈춰 서게 될 수도 있다. 다시 말에 올라타라! 다시 시도하겠다고 결심하라! 그것이 다음번에 적절한 행로를 따를 수 있는 첫걸음이다.

내가 이 글을 보고 힘을 냈듯이, 혹여 나와 비슷한 경험을 했던

분이 이 글을 보고 있다면 힘을 냈으면 좋겠다. 우리는 다시 힘을
내야 한다. 잊을 건 잊고 다시 시작해야 한다.

할 수 있다.

세 잘 놓는 방법

'천석꾼에 천 가지 걱정, 만석꾼에 만 가지 걱정.'

이 말은 재산이 많으면 그만큼 걱정거리도 많이 생긴다는 뜻이다. 사람들은 부동산과 관련된 소득을 불로소득이라고 폄하하지만, 사실은 부동산을 취득하기까지의 과정(투자를 위해 돈을 버는 과정)에서도 고민이 있고, 취득하고 나서의 과정(임대수익 혹은 양도차익과 관련한 과정)에서도 고민이 있다. 한마디로 부동산 자산의 수익은 그만한 고민과 스트레스를 대가로 요한다는 점을 알 필요가 있다.

게다가 이러한 고민은 재산이 불어나면 불어나는 만큼, 가짓수가 더 늘어나게 된다. 밤잠을 뒤척이는 일도 꽤 생길 것이다. 짜증나는 날도 생기게 될 것이다. 부동산과 관련된 돈을 벌고자 하는 분들이라면, 단순히 부동산에 대한 지식 혹은 수익률만 생각할 것이 아니라, 이러한 피곤한 노고가 있다는 점도 분명 알아둘 필요가 있다.

특히 부동산 소유주들은 임대에 있어서 꽤 스트레스를 받는데, 임차인(세입자)들이 변경될 때 많은 스트레스를 받는다. 그 와중에 공실이 생긴다든지, 공실 기간이 길어질 때 이러한 경향은 심해진다.

그럼에도 불구하고 '천석꾼의 걱정, 만석꾼의 걱정'을 내가 기꺼이 감수하고, 부동산을 통해 돈을 벌고자 하는 각오가 되어 있다면 아래의 내용이 꽤 쓸모가 있을 것이다. 바로, 부동산 임대와 관련하여 '세 잘 놓는 방법'에 대한 내용이다. (사실 임대는 부동산 거래가 아니기 때문에 이 장에 넣을까 고민을 많이 했지만 임대와 관련된 고민이 있는 분에게는 분명 도움이 될 것 같아 수록하기로 했다.)

1. 환기를 자주 시킨다

미리미리 환기를 잘 시켜놓아야 한다. 특히 공실 기간이 길어지는 매물이나 최근에 페인트칠을 한 매물의 경우 자주 환기를 시키지 않으면 꿉꿉한 냄새가 나기 마련이다. 특히 후각에 민감한 몇몇 고객들은 (아무리 좋은 매물이라도) 단순히 환기가 안 되서 나는 냄새만으로 그 매물을 거부하기도 한다. 때문에 이러한 경우 계약 성사로 이루어지기 어렵다.

본인이 공인중개사라면 공실 매물을 중개할 때, 고객보다 먼저 그 매물에 도착해서 창문을 모두 열어 한동안 환기를 시켜놓길 바란다. 환기팬이 있다면 가동시키는 것도 좋다. 주방에 있는 환기팬도 가동시키는 게 좋다. 이 방법만으로도 고객에게 브리핑할 때 도움이 꽤 많이 된다.

2. 디퓨저(방향제)를 둔다

사람은 좋은 향기가 나는 대상에 대해 알게 모르게 긍정적으로 반응한다. 부동산도 예외가 아니다. 그래서 나도 우리 집을 임대할 때 한동안 디퓨저를 비치해둔 적이 있다.

비싼 디퓨저는 필요 없다. 요즘에는 디퓨저의 종류도 다양해져 저렴한 디퓨저들도 꽤 향이 좋다. 보통 만원 전후의 디퓨저만으로도 충분하다. 다만, 양초 형태는 추천하고 싶지 않다. 화재의 위험도 있고, 매일 워머를 사용해 양초를 켜놓는 것도 불안하기 때문이다. 나의 경우에는, 나무막대기를 꽂아두는 형태의 방향제가 외관상 보기에도 좋고 제일 무난했던 것 같다.

3. 결로나 곰팡이가 생기지 않게 미리미리 관리한다

특히 오래된 주택들은 곰팡이나 결로 등이 생기기 쉬운데 평소에 자주 환기를 시키는 것을 권한다. 그럼에도 결로나 곰팡이가 생기면, 바로바로 관련 기술자를 불러 없애도록 한다.

4. 고객이 방문하기 전, 해당 부동산의 청소를 미리 해둔다

그전 임차인이 퇴실한 뒤, 청소가 안 된 집을 보여주면 거의 100%에 가깝게 고객들은 계약하지 않는다. 아무리 좋은 집이라고 하더라도 퇴실 뒤 쓰레기가 여기저기 있다든지, 화장실이 너무 지저분하면 그 집에 대해 고객은 절대 호감을 갖지 않는다. 그래서 꼭 고객이 방문하기 전에 청소를 미리 해두는 것을 권한다. 고객은 언제 어느 때 올지 모르니, 청소는 전 임차인이 퇴실한 뒤 바로바로 하는 것을 추천하고 싶다.

5. 임차인이 있는 부동산이라면, (특히 주택의 경우) 세간 살림을 잘 정리정돈 해둔다

고객들은 해당 매물을 구경할 때, 신기하게도 그 매물보다 남의 집의 세간 살림을 주의 깊게 보는 경향이 있다. 그리고 그 세간 살림에 대해 꼭 자신만의 평가(?)를 내리곤 한다. 특히 세간 살림이 너무 지저분하거나 너저분하게 여기저기 널려 있는 경우, 고객은 그 매물을 실제 크기보다 더 작게 느끼거나 혹은 안 좋은 이미지를 가지기 쉬워서 계약으로 이어지지 않는 경우도 더러 있다. 때문에 이러한 이유로 세간 살림이 많이 있는 집이라면, 미리미리 정리정돈을 해두는 것이 계약에 있어서 유리하다.

6. 부동산은 무조건 분위기가 환하고 밝아야 한다

숙박 시설이 아닌 다음에야 사무실이건, 상가건, 주택이건 무조건 분위기가 환하고 밝아야한다. 설사 채광이 좋지 않다면, 조명이라도 비교적 좋은 조명을 달아 환하고 기분 좋은 느낌을 줄 수 있도록 해야 한다.

깨져 있거나, 불이 나간 전등은 바로바로 교체하는 것이 좋다. 임차인이 들어오면 알아서 할 텐데 굳이 내가 돈 써가며 조명을 다는 등의 일을 할 필요가 있을까라는 생각은 전혀 필요 없다. 임차인도

계약서에 사인을 하기 전까지는 그저 내 소유의 부동산을 구경하러온 고객일 뿐이다. 그리고 계약이라는 것은 고객 눈에 내 부동산이 다홍치마로 보여야 비로소 진행되는 것이다. 이런 데 돈을 아끼면 안 된다. 소탐대실하는 수가 있다. 돈을 써야 돈을 버는 것이다. 결국 내 살림 아닌가. 내 부동산에 대한 투자에는 돈을 아끼면 안된다. 내가 벌 돈에 비하면 아주 적은 금액이니 쓸데없이 자린고비 흉내는 내지 않는 것이 좋다.

7. 공인중개사의 전화를 잘 받는다

고객이 계약을 하고자 할 때 공인중개사는 임대인에게 바로 연락을 한다. 하지만 안타깝게도 임대인이 전화를 안 받는 경우가 더러 있다. 물론 바쁜 일정 때문에 전화를 못 받는 경우가 있을 테지만, 이런 경우에 문자 메시지만큼이라도 잘 답장을 해주는 것이 좋다. 임대인과 연락이 어려우면, 아무리 임차를 희망하는 고객이 있다고 하더라도 계약을 성사시키기 어려운 점이 있다. 고객의 마음은 때때로 가변적일 수 있기 때문이다.

8. 임대료 입금 받는 계좌번호는 소유자 명의의 계좌번호를 공인중개사에게 알려준다

피치 못할 사정이 있지 않는 이상, 해당 부동산 소유자 명의의 계좌번호를 공인중개사에게 알려주어야 한다. 임차를 희망하는 고객은 부동산 소유자 명의의 계좌번호가 아닌 타인 명의의 계좌에 돈을 입금하는 것에 대해 두려움이 있다. 때문에 계약금·중도금·잔금 등의 입금과 관련하여, 임대인 본인 명의의 계좌번호를 공인중개사에게 안내해주기를 권하고 싶다. 매매의 경우에도 마찬가지다.

9. 화장실 날벌레를 제거하라

오랫동안 사람이 거주하지 않거나 이용하지 않은 매물의 경우, 화장실 같은 곳에 날벌레가 벽에 다닥다닥 붙어 있는 경우가 있다. 살충제를 이용해 즉각적으로 없앨 수도 있지만 한시적이라는 단점이 있다. 며칠 후 가보면 또다시 날벌레들이 벽에 붙어 있는 것을 목격할 수 있는데, 이런 경우 샴푸를 물에 희석해서 거품을 낸 뒤 그 물을 하수구에 버리면 없어진다. 별거 아니라고 생각할 수 있겠지만, 부동산을 구경하러 와서 이러한 벌레들이 많은 것을 보게 된다면 고객은 그 매물에 대해 어떤 큰 문제가 있을 것이라 생각하고 계약을 주저한다. 이런 경우 당연히 계약체결에 상당한 시일이 소요될 수도 있다.